# 애국지사 최익환(II)
-한국전쟁 휴전 교섭 밀사 기록-

최기창 · 신복룡 엮음

애국지사 **최익환**(II)
-한국전쟁 휴전 교섭 밀사 기록-

초판 1쇄 발행 2007년 7월 20일

엮은이   최기창 · 신복룡
펴낸이   윤관백
편  집   김은정
표  지   김지학
펴낸곳

인  쇄   선경그라픽스
제  본   과성제책

등록   제5-77호(1998.11.4)
주소   서울시 마포구 마포동 324-1 곳마루 B/D 1층
전화   02) 718-6252 / 6257    팩스   02) 718-6253
E-mail     sunin72@chol.com
Homepage   www.suninbook.com

정가 · 10,000원
ISBN  978-89-5933-088-1  93900

· 저자와 협의에 의해 인지 생략.
· 잘못된 책은 바꿔 드립니다.

# 애국지사 최익환(II)
―한국전쟁 휴전 교섭 밀사 기록―

최기창·신복룡 엮음

# 서문

 세상을 살다 보면 아차 싶게 후회스러운 일이 많이 벌어지는데, 지금 나의 경우가 그렇다. 자식들에게 "너의 할아버지는 이런 분이었다."고 가르쳐 줄 수 있는 가승(家乘)을 하나 만들고 싶은 생각에 연전에 최기창(崔基彰)과 함께『애국지사 최익환(崔益煥)』(도서출판 선인, 2003)을 출판한 적이 있다. 그 책에는 고인의 유직, 일제 치하에서의 독립 운동에 관한 공판 기록, 해방 정국에서의 활동, 그리고 장례식 관계 서류를 수록했다.
 그런데 그 책을 출판한 직후 나는 성신여자대학교 사학과의 홍석률(洪錫律) 교수로부터 최익환의 북파 수기 복사본을 받았다. 1958년 1월, 선생께서 작고하시기 1년 전에 씌어진 이 수기는 그동안 베일에 싸여 있던 선생의 북한 체류 수기이다. 선생께서는 한국전쟁 기간 동안에 교착 상태에 빠진 휴전 협정의 돌파구를 찾으려던 미8군에 의해 발탁되어 북한에 밀사로 파견된 사실이 있었다.

그러나 최익환의 북파 사실은 그 실체가 밝혀지지 않고 유족의 회고담과 선발대로 방북했던 박진목(朴進穆)의 수기만 전해 올 뿐 정작 당사자의 육성을 듣지 못하여 그 전모를 알지 못하고 있던 터였다. 따라서 이 수기는 한국전쟁 휴전 협정의 비밀 협상의 일부를 밝혀주는 귀중한 자료였음에도 불구하고 나의 미욱함으로 인하여 진작 발굴하여 고인의 유작집에 수록하지 못했던 것인데, 이번에 이를 찾음으로써 본의 아니게 『애국지사 최익환』(II)를 출판하게 되었다.

내가 이 글을 쓰면서 한 가지 유념한 사실은 한국사에서의 구술사(口述史, oral history)의 연구에 일조해 보고 싶은 욕망이었다. 나는 한국의 전기정치학(傳記政治學, biographical politics)을 공부하면서 구술사의 학술적 가치에 대하여 고민한 바가 있다. 구술사는 그것이 역사학에서 차지하는 주요성에도 불구하고, 그 자체로서 많은 문제점을 지니고 있다는 것을 나는 잘 알고 있다. 대체로 구술은 얼마간의 시간이 지난 이후에 녹취되는 것이기 때문에 기억의 부정확함이 따르기 마련이고, 그보다 더 치명적인 것은 구술자의 자기현시욕이 사실을 흐리게 할 수도 있다는 점이다. 이러한 딜레마를 극복할 수 있다면 구술사는 역사학의 한 분과학으로 충분히 자리 잡을 수 있다는 것을 유념하면서 이 글을 썼다.

다행히도 나는 1985~1986년도에 미국연방문서보관소(United States National Archives, Washington, D.C. & Suitland)에서 한국현대사를 공부하면서 한국전쟁 당시 휴전 회담의 비밀 협상을 위한 선발대로 북한에 파견되었던 박진목에 관한 정보보고서를 입수할 수 있었다. 이 자료를 당사자의 증언과 교직(交織)함으로써 사실 복원에 더 가까워질 수 있었다. 최익환의 북파에 관한 직접 자료는 아니지만 최익환과 북한 사법상 이승엽(李承燁) 또는 부수상 박헌영(朴憲永)과의 예비 교섭의 성격을 띠고 선발대로 북한에 밀파된 박진목의 자료는 당시 사건의 파악에 매우 중요한 일차 사료여서 여기에 수록하게 되었다.

말미에 실린「한국정쟁의 휴전 협상과 밀사들의 파견」은 내가 쓴 『한국분단사: 1943~1953』(한울출판사, 2001) 중 「한국전쟁의 휴전 협정」에서 밀사들이 파견된 부분만을 발췌한 것이다. 전쟁에서의 휴전을 둘러싼 막전·막후의 교섭은 개전 의지를 읽을 수 있는 가장 중요한 프리즘이다. 이 글이 한국전쟁 휴전 교섭의 내밀한 부분을 이해하는 데 도움이 되기를 바라는 마음으로 여기에 수록했다.

『애국지사 최익환』(I)에서도 말했지만, 나는 이 글이「자식이 붓으로 조상을 키운다」는 여염의 힐난(詰難)의 대상이 되지 않기를 진심으로 바라면서 이 글을 집필했다. 잊혀졌거나 가려진 역사를 복원하려는 것 이외에는 다른 뜻이 없었음을 독자들이 양지해 주시기를 진심으로 빈다.

이 사건에 관계한 마지막 생존자인 박진목 선생은 1918년생이시니 이제 연세가 90이어서 천수를 누린 셈이다. 사실 이 글은 『애국지사 최익환』(II)이라고 되어 있지만 사실은 그 절반이 박진목 선생의 기록이라 해도 과언이 아니다. 나는 가급적이면 그분께서 살아 계시는 동안에 더 많이 듣고 자료를 정리해야 되겠다고 생각했고, 최근에 이르러 그분의 건강이 급격히 쇠진하시는 모습을 보면서 살아계시는 동안에 이 글을 완성하여 보여드리지 못하면 평생 후회할 것 같은 조바심을 떨쳐 버릴 수가 없었다. 오래전, 언제인가 김도현(金道鉉) 선생께서 '박 선생님 살아 계시는 동안에 더 기록을 놓치지 않도록 해야 되지 않겠느냐?'던 말이 나에게는 늘 빚처럼 가슴에 남아 있던 터였다.

끝으로 증언을 해 주신 여러분과 박진목 선생의 진술을 전재(轉載)하도록 허락해 주신 전 동아일보 기자 조규하(曺圭河) 지사님과 돈 되는 일이 아님에도 불구하고 출판문화의 발전에 대한 일념으로 이 글을 출판해 준 도서출판 선인의 윤관백(尹寬伯) 사장님의 호의에 진심으로 감사를 드린다.

2007년 7월 10일
엮은이를 대신하여 신복룡 씀

# 차 례

005_서문

011_최익환에 관한 군정청 인사 기록 파일

015_북파 요원 박진목(朴進穆)에 관한 미8군 801 CIC 문서
(영문 및 국문)

051_박진목(朴進穆)의 진술

075_북파(北派) 수기_최익환(崔益煥)

105_증언

    107_박진목(朴進穆)·이종섭(李鍾燮)의 증언

    117_김상근(金尙根)의 증언

    123_최기창(崔基彰)의 증언

127_한국전쟁의 휴전 협상과 밀사들의 파견_신복룡

151_참고문헌

155_찾아보기

최익환에 관한 군정청
인사 기록 파일

# 최익환에 관한 군정청 인사 기록 파일[1]

Tch'ei(Choi) Ik Hwan : B. unknown; one of leaders Dai Dong Party, 1919; arrested by Japanese several times; released 15 August 1945; Member, New Korean National Party; committee member, Representative Democratic Council; joined Korean Independence Party, along with some elements of New (Korean) Nationalist Party, and appointed member of Central Committee, April, 1946; President, Patriotic Enterprises Organization, formed May 1947

**최익환**(崔益煥) : 출생 연월일 불명; 대동단(大同團, 1919) 지도자 중의 하나; 일제 치하에서 여러 차례 체포됨; 1945년 8월 15일 해방과 더불어 석방됨; 신한민족당 당원; 민주의원(民主議院) 의원; 신한민족당의 요인들과 함께 한독당(韓獨黨)에 합류하여 중앙위원회 위원으로 피선됨(1946년 4월); 애국기업공단 대표 위원(1947년 5월)

---

[1] "Biographical Sketches of Prominent Korean Political Leaders" (August 25, 1947) stocked in Suitland : Washington National Records Center, p. 8, in 신복룡(편), 『한국분단사자료집』(VI)(서울: 선인출판사, 1971), 117쪽.

북파 요원 박진목(朴進穆)에 관한
미8군 801 CIC 문서

# 북파 요원 박진목(朴進穆)에 관한 미8군 801 CIC 문서[1]

[Front piece]

Stocked in the National Archives, Record Group 319, Office of the Chief of Military History, Investigative Records Repository (IRR) Box 171, Case XA516674; Record Group 331, Box 171.

THIS MUST REMAIN TOP DOCUMENTS
Dossier No. XA516674

As of 18 July 1973, all material included in this file conforms with DA policies currently in effect.
C. E. Crcck, Jr, E-6, 18 July 1973
(sgn)

THIS MUST REMAIN TOP DOCUMENTS

---

[1] 이 문서는 National Archives의 두 개의 문서군, 즉 RG 331 Box 171과 RG 319 Box 171에 함께 보관되어 있다. 그런데 RG 331에 실려 있는 문서에는 7 December 1951 일자의 문서(본서의 pp. 17~28 부분) 한 가지만 실려 있고, RG 319 문서에는 26 July 1952 일자의 문서(본서의 pp. 29~34 부분)가 더 첨부되어 있다.

## CONFIDENTIAL

## AGENT REPORT

[1] NAME OF SUBJECT OR TITLE OF INCIDENT

Pak, Chin Mok (朴進穆),

aka, Pak, Sang Hwa (朴相和),

Chongjin-dong, Chongno-ku, Seoul, Korea

[2] DATE SUBMITTED

7 December 1951

[3] CONTROL SYMBOL OR FILE NO.

KOR-801-194 (5a)

[4] REPORT OF FINDINGS

1. On December 1951, the following information was received from Finch, Charles. p., Lt. Col., MPC, KMAG Adviser to the PMG, ROKA Taegu-shi, Kyongsang Pukto.

So, Song Il (U)[1] revealed the following information to one Kim (fnu, U)[2] on 30 November 1951. So, in return received said information from Pak, Chin Mok 10 November 1951.

A North Korean man (name unknown, receiving instructions from Kim, Choi (KM-KLP)[3] secretary to Kim, Il Sung (KM-KLP),[4] arrived in South Korea and contacted PAK, who is said to be a CIC informant. PAK and the north Korean's business is said to be concerned with the holding of a conference between North and South Korean political parties. The north Korean agent twice has been to Pusan-shi, Kysangsang Namdo, attempting to contact to Cho, Bong Am (U)[5] and Rhee, Syngman (A-C)[6] It is not known whether these contacts have been made. The North Korean agent is alleged to have stayed with PAK at the Pon Jong Hotel, Changno(sic) St., Taegu-shi. (C-6)

---

1 So, Song Il (徐相日, Korean, U) 5-4 Taesin-dong, Taegu-shi. Head of the Kyongsang Pukto Branch, Democratic National Party, and former National Assembly member.
2 Kim (fnu, 金, Korean, U), Captain, CIC Section, PMG, ROKA, Taegu-shi.
3 Kim, Choi (unknown, Korean, KM-KLP) Secretary to (4)
4 Kim, IL Song (金日成, Korean, KM-KLP) Premier of North Korea People's Republic.
5 Cho, Bong Am (曺奉岩, Korean, U), Vice Chairman of National Assembly, ROK.
6 Rhee, Syngman (李承晩, Korean, A-C), President of ROK.

2. On December 1951, Whang, Bong I (U)[7] was interviewed and made the following statement :

PAK and a policeman who is alleged to be the brother of Chang, Kyong Kun (U)[8] spent approximately two hours at Pon Jong Hotel on or about 15 November 1951. SUBJECT stated that he was going to Pusan. PAK returned to the hotel on or about 22 November 1951; at this time PAK gave his name as PAK, Sang Hwa. He was visited at the hotel for approximately one hour by three men dressed in civilian clothing. SUBJECT is alleged to be in Pusan at present time. PAK, Ho In (U)[9] is alleged to be good friend of SUBJECT (F-6)

3. On 3 December 1951, So, Song Il (U) was interviewed and revealed the following information on concerning Pak, Chin Mok:

PAK visited So's house approximately two weeks ago

---

[7] Whang, Bong I (黃奉伊, Korean, U) female, mistress of the Pon Jung Hotel, Chongno Street, Taegu-shi (大邱市 鍾路 本正旅館).

[8] Chang, Kyong Kun (張暻根, Korean, U) former Vice Minister of Department of National Defense, ROK.

[9] Pak, Ho In (朴浩仁, Korean, U) legal Japanese name Matsukawa, Ho In (松川浩仁, U), 102, 2nd block, Tong Sung-ro, Taegu-shi. Former member of Executive Committee, Taegu-shi Branch, Democratic National Party.

and discussed the unification of North and South Korea. So stated that PAK, a former member of the South Korea Labor Party (SKLP)[10] and the Protection League[11] formerly resided in Seoul, Korea, and is presently believed to be in Pusan-shi (address unknown). So stated that PAK may be contacted through Cho, Bong Am (U), Pusan-shi. Source also stated that PAK is one of many individuals working as neutral go-betweens for Korean unification; that he does not know who PAK's contacts are, but believes PAK to have contacts in North Korea.

So stated that he believes PAK's sympathies are closer to North Korea than South Korea. Source also stated that he has heard (source unknown) that PAK is, or was, in contact with CIC in Seoul, Korea. So stated that he has not heard from PAK since the above mentioned meeting and does not know when, or if, PAK will return to Taegu-shi. So describes PAK as being approximately forty years of age, and 5 feet 5 inches in height, with long hair, a medium to heavy build and with no outstanding visible marks of identification. (F-6)

---

10 South Korea Labor Party (南朝鮮勞動黨, SKLP).
11 Protection League (Po Do Yon Mang, 保導聯盟).

4. On 3 and 5 December 1951, PAK, Ho In (U) was interviewed concerning PAK, Chin Mok and revealed the following :

Source met PAK in Taegu-shi through a mutual friend, Kim, Tae Chu (U)[12] in 1948. PAK is an intelligent person well versed in social and economic problems and is a well known leftist personality in Kyongsang Pukto. SUBJECT, in January 1950, allegedly renounced his leftist political leanings and joined the Protection League.

On 22 June 1950, PAK, then head of the Kyongsang Pukto Branch of the South Korea Labor Party went to the North Korea where he was received rather coldly because of his association with the Protection League. SUBJECT returned to Seoul, Korea, approximately one month later and was sent as a volunteer fighter, without a weapon, to the North Korean Army at Andong, Kyongsang Pukto. PAK followed the North Korean Army when it retreated and "ran away" from said organization at Chunchon, Kangwon-Do (date unknown).

Source stated that he met PAK at the Pon Jung Hotel, Taegu-shi, on 10 November 1951 and again on 22

---

[12] Kim, Tae Chu (金兌柱, Korean, U), Pusan-shi (full address unk) Vice Chairman of the Taegu-shi Branch, Democratic National Party.

November 1951, when PAK visited source at the latter's home. Source stated that PAK told him the above information (concerning his 22 June 1950 trip to North Korea and his activities with the North Korean Army) in addition to the following, on the above mentioned dates (ie : 10 and 22 November 1951).

Because of the needless murder and destruction PAK saw the North Korean People's Army inflict, he decided to work for a peaceful solution to the war and the unification of Korea. PAK made a trip to North Korea (date unknown) to learn the attitude and opinions of North Korean leaders in regard to the present conflict. PAK stated that North Korean officials expected a quick victory when they invaded South Korea; that they did not expect armed opposition from the United Nations; and that they now realize, despite Communist China's intervention, that they no longer possess the power to continue the war.

The Chinese Communists intervened in the Korean War to show, and impress, the world of International Communism's power and strength. The Chinese communists will withdraw their aid when the North Korean Government requests them to so. While in North Korea, PAK conferred with Lee, Song Yup (KM-KLP)[13] and discussed means and ways of ending the war and establishing a united Korea. It was proposed that a joint conference of North and South Korean leaders be held, without foreign attendance, to work for a peaceful unification. Lee appointed several individuals (names unknown) to represent North Korea at such a meeting.

PAK is to contact South Korean Supreme political leaders, including Rhee, Syngman (A-C, 6) and the chairman of the National Assembly and get them to approve and send representatives to the conference which will be held at Panmunjom, site of the present truce meetings. Said conference will be held as soon as the South Koreans agree to attend the meeting and name their representatives. PAK stated that the communists realize that they can not win the war, and despite their propaganda concerning the truce negotiations, will, at the last minute, accept the truce even if the conditions are to their disadvantage.

Communist leaders offer the following reasoning concerning the proposed Joint North-South Korean conference.

---

13 Lee, Song Yup (李承燁, Korean, KM-KLP) Secretary of the North Korean Labor Party.

North Korea is guilty of invading South Korea and starting the war. South Korean politicians are guilty of ruining South Korea through a corrupt administration. Therefore, one side is as guilty as the other in ruining Korea; so, let us start out new and equal with a united country. The Communists would like to start out with a fifty-fifty representation in a united Korean government, but, despite equal guilt, are willing to enter unification with South Korea if given a thirty per cent representation in the National Assembly. PAK further stated that, with this thirty per cent representation in the National assembly, an underground organization will be formed and the country taken over by the communists through political means.

Source stated that despite PAK's stated wish to see the war settled and a unified Korea become a reality in a peaceful way, he believes PAK can not be trusted and would probably use his position as a mediator to the advantage of North Korean puppet government.

Source stated that PAK, while in Taegu-shi on 10 November 1951, held a conference with Pak, No Su (U),[14]

---

[14] Pak, No Su (朴魯洙, Korean, U) Taegu-shi (address unknown). Chief of the Inspection Section, Kyongsang Pukto Branch, Democratic National Party.

and several days later met and talked with Kim, Tae Chu (U) in Pusan-shi, Kyongsang Namdo. Source stated that he believes the topic of conversation on both occasions was the unification of Korea. Source also stated that PAK is staying at the same boarding house as Kim, (address unknown) located near the Chinese Embassy, Pusan-shi.

Source also stated that PAK, while in Taegu-shi on 10 November 1951, was accompanied by Chung, Tuk Kun (U)[15] whom source is absolutely sure was assigned by the Seoul Police Bureau to protect and help PAK in accomplishing his mission (ie : protect PAK being picked up as a former SKLP leader). Source also stated that he believes PAK's mission has the blessings of United Nation officials (names unknown).

Source further stated that Chae, Ik Hwan (U)[16] is now in North Korea, at the request of the United States Department and / or South Korean Government officials, to deliver the South Korean answer to SUBJECT's proposal for a joint North-South Korean political conference,

---

15 Chung, Tuk Kun (張德根, Korean, U, address unknown), Police Lieutenant, Surveillance Section, Seoul Police Bureau, Seoul, Korea. Brother of (8).

16 Chae, Ik Hwan (崔益煥, Korean, U), address unknown, age : 56, a member of Legislation Committee on Military Government.

and to learn the real nature of and additional facts concerning said conference, as proposed by the North Korean Government. Chae is expected to return to South Korea sometime this month.

Source, in closing, stated that due to economic conditions in Korea and the present financial status of both PAK and Chae, it is his belief that both can be bought off for approximately ten million won (w 10,000,000).

Source revealed the following background on Subject :

Name : PAK, Chin Mok (朴進穆)
Alias : PAK, Sang Hwa (朴相和)
Age : 35 or 36 years (Korean counting)
Permanent domicile : Uisong-gun, Kyongsang Pukto. (慶尙北道 義城郡)
Present address : Chongchin-dong, Chongno-ku, Seoul, Korea. (서울市 鍾路區 淸進洞)
Previous address : Prior to 1945 – Kuji-myon, Talsong-gun, Kyongsang Pukto. (慶商北道 達城郡 舊地面)
1945 to June 1950 – Yuka-myon, Talsong-gun, Kyongsang Pukto. (慶尙北道 達城郡 柳家面)
Occupation : Prior to 1945 – operated warehouse at Uisong- gun, Kyongsang Pukto. (慶商北道 義城郡)

1945 June 1950 – operated a wine factory at Yuka-myon, Talsong-gun, Kyongsang Pukto.

Marital status : Married, First wife : Name and address unknown.

Has two children. She resides in Taegu-shi. PAK does not bother with her.

Second wife : Lee, Chung Sun (李中仙) age 30, address unknown. (F-6)

Key

KM-KLP : Known Member of the Communist [Korean Labor Party]

U : Communist affiliation unknown

A-C : Anti-Communist

**[5] TITLE NAME AND ORGANIZATION OF SPECIAL AGENT**

Francis J. Green, John B. Hodges, 801st CIC Det (sgn)

# AGENT REPORT

[1] NAME OF SUBJECT OR TITLE OF INCIDENT

Pak, Chin Mok aka, Pak, Sang Hwa

[2] DATE SUBMITTED

26 July 1952

[3] CONTROL SYMBOL OR FILE NO.

KOR-704-500 (5a)

[4] REPORT OF FINDINGS

Reference : A/R, 801st CIC Det, Kor-801-194 (5a); same subject, dtd 7 Dec 51.

On 31 May 1952, Chung, Kwang Ho(U),[1] 1st Lt, Interpreter Corps, Headquarters; ROKA CIC, Taegu-shi, Kyongsang Pukto, revealed the following information :

Pak, Chin Mok (U)[2] was arrested by the ROKA CIC on

---

[1] Chung Kwang Ho(鄭光浩)(Korean)(U), DOB : Unknown, age 25; HON : Unknown; PA : Headquarters, ROKA CIC, Taegu.

or about 3 May 1952, and has since been turned over to the Central Higher Court, Taegu-shi for trial. PAK is to be tried for espionage. He is alleged to be a double agent who was connected with some National Assembly members and is said to have had agents in the ROK government and military. Chae, Ik Hwan (U)[3] was not apprehended by ROK CIC and, according to PAK, is still in North Korea. (F-3)

Confidential Informant T-12 revealed the following information during the period 1-9 July 1952 :

Although PAK was arrested in Pusan-shi by the Pusan ROKA CIC Detachment he was brought to Taegu-shi for trial because the ROK Army Headquarters and Supreme Courts Marital is located in Taegu-shi. PAK is said to be not only concerned with Panmunjom but also has had close connection with the twelve National Assembly men who were arrested by the ROK Government. PAK was

---

2 Pak Chin Mok(朴進穆); aka : Pak Sang Hwa (朴相和) (Korean) (U) DOB : Unknown; HON : Unknown; PA : Chongjin-dong, Chongno-ku, Seoul, Korea.

3 Chae, Ik Hwan(崔益煥) (Korean) (U), DOB : Unknown, approximate age 56; HON : Unknown, PA : Unknown. Ref. A/R, Subject and file as above, dtd 7 Dec 51.

arraigned in the Taegu-shi Civilian Court on 30 June 1952, and the date for his trial was set for 14 July 1952. PAK will not be tried for espionage but for violating the National Security Law.

Defence lawyers are Lim, Mun Sok (U)[4] and Han, Sok Tong (U).[5] Lim was obtained to represent PAK by SUBJECT's wife or concubine, Lee, Yong Sok (U),[6] who was introduced to Lim by Chu, Byong Hwan (U).[7] Lawyer Han, Sok Tong was employed to represent PAK by Chang, Nak Chol (U),[8] Intelligence Sub-Section Chief, Intelligence Section, Kyongsang Pukto Police Bureau, Taegu-shi. The following individuals will be defence witnesses : Chang, Nak Chol; Hong, Chun (U);[9] Kim, Tae

---

[4] Lim, Mun Sok (林文碩) (Korean) (U), DOB : Unknown; HON : Unknown; PA : Taegu, Korea. Lawyer. member of the Democratic National Party.

[5] Han, Sok Dong (韓錫東) (Korean) (U), DOB : Unknown; HON : Unknown. Lawyer.

[6] Lee, Yong Sok (李英淑) (Korean) (U), DOB : Unknown; HON : Unknown; PA : Unknown. PAK's wife and / or concubine.

[7] Chu, Byong Hwan (朱秉煥) (Korean) (U) DOB : Unknown; HON : Unknown; PA : Unknown. Member of the Congress of Specialist Committee and member of the Democratic National Party.

[8] Chang, Nak Chol (張樂喆) (Korean) (U), DOB : Unknown; HON : Unknown; PA : Unknown. Chief, Intelligence Section, Kyongsang Pukto Police Bureau, Taegu.

Chu (U);[10] Kim, Cha Sun (U);[11] Pak, Yung Tuk (U)[12] and Lee, Chong Yung (U).[13] (C-3)

On 15 July 1952, Confidential Informant T-12 reported the following information :

PAK, Chin Mok's trial began at 10 : 30, 14 July 1952. The trial was open to the public and the providing judge was Lee, Yong Sil (U).[14] Pak, Chin Hoon (U)[15] was the prosecuting attorney. Lim, Mun Sok represented SUBJECT. PAK was charged with violating with the National Security Law in that;

---

9 Hong, Chun (洪駿) (Korean) (U), DOB : Unknown; HON : Unknown; PA : Unknown. Defense witness.

10 Kim Tae Chu (金泰柱) (Korean) (U), DOB : Unknown; HON : Unknown; PA : Unknown. (Korean) (U), DOB : Unknown; HON : Unknown; PA : Unknown. Defense witness.

11 Kim Cha Sun (金車淳) (Korean) (U), DOB : Unknown; HON : Unknown; PA : Unknown. Defense witness.

12 Pak, Yung Duk (朴永德) (Korean) (U), DOB : Unknown; HON : Unknown; PA : Unknown. Defense witness.

13 Lee, Chong Yung (李鍾永) (Korean) (U), DOB : Unknown; HON : Unknown; PA : Unknown. Defense witness.

14 Lee, Yong Sil (李用實) (Korean) (U), DOB : Unknown; HON : Unknown; PA : Unknown. Presiding Judge of SUBJECT's trial.

15 Pak Chin Hoon (朴鎭熏) (Korean) (U), DOB : Unknown; HON : Unknown; PA : Unknown. Prosecuting Attorney in SUBJECT's trial.

(1) He was affiliated with the South Korean Labor Party (SKLP),[16] after the Korean Liberation (15 Aug 45) and was chief of the Financial Section of Kyongsang Pukto Branch of the SKLp.

(2) He distributed handbills opposing the General Election of National Assembly men on 30 May 1948.

(3) He voluntarily joined the North Korean Volunteers Army when the North Korean People's Army (NKPA) occupied Seoul-shi shortly after the outbreak the Korean War and took part in the battle Andong, Kyongsang Pukto.

PAK's lawyer denied that SUBJECT voluntarily joined the North Korean Army and requested that the trial be recessed so that he could locate and produce a witness to the effect that SUBJECT was forced to join the Volunteer Army. Lim, PAK's lawyer, stated that the witness, Hong, Chun was forced to join the Voluntary Army along with SUBJECT and could testify to that fact. SUBJECT's trial was then postponed until 21 July 1952, at

---

16 South Korean Labor Party (SKLP, 南朝鮮勞動黨).

which time Hong, Chun will be summoned to testify.
(C-3)

**KEY**

U : Communist Affiliation Unknown

**[5] TITLE NAME AND ORGANIZATION OF SPECIAL AGENT**
Francis J. Green, 704th CIC Det, 2d Log Comd (C) APO 59
 (sgn)

## 북파 요원 박진목(朴進穆)에 관한 미8군 801 CIC 문서
[번역문]

[표지]

**소장처** : 미국연방문서보관소(US National Archives), 문서군(Record Group) 319, 미국전사편찬위원회(Office of the Chief of Military History), 수사기록철(Investigative Records Repository, IRR) Box 171, Case XA516674 및 문서군 331, Box 171.

이 문서는 고급 문서로 보존되어야 한다.

**문서 번호 No. XA516674**

1973년 현재 이 파일에 포함된 모든 자료는 현재의 육군성이 수행하고 있는 정책과 부합한다.
1973년 7월 18일
E-6 크릭 2세(C. E. Creek)
(sgn)

이 문서는 고급 문서로 보존되어야 한다.

[기밀]

## 박진목(朴進穆)에 대한 정보원 보고서

[1] 대상 인물 또는 사건의 제목

박진목(朴進穆), 일명 박상화(朴相和)

주소 : 대한민국 서울시 종로구 청진동

[2] 발송 일자

1951년 12월 7일

[3] 관리 부호 또는 파일 번호

KOR-801-194 (5a)

[4] 발견 사실

1. 1951년 12월 경상북도 대구 한국 육군 헌병사령부(PMG)에 파견되어 있는 미군사고문단 헌병사령부(MPC) 고문관 휜치(Charles p. Finch) 중령으로부터 다음과 같은 정보가 입수되

었다.

1951년 11월 30일 서상일(徐相日, 공산당 가입 불확실)1은 김모(이름 미상)2에게 다음과 같은 정보를 제공하였다. 서상일은 1951년 11월 10일 박진목으로부터 그러한 정보를 받았다고 한다.

김일성(金日成, 공산당 당원)3의 비서 김최(공산당 당원)4의 지시를 받는 성명 미상의 북한 인사가 남한에 들어와 미군 CIC 정보 제공자로 알려진 박진목과 접촉하였다. 박진목과 그 북한 인사의 과업은 남북한의 정당 회의를 추진하는 것으로 알려져 있다. 그 북한 공작원은 경남 포항에 두 번 와서 조봉암(曺奉岩, 공산당 가입 불확실)5과 이승만(李承晩, 반공주의자)6을 만나려고 하였다. 그러한 접촉이 실제로 이루어졌는지는 확실치 않다. 그 북한인은 대구시 종로 본정 여관에 박진목과 함께 묵은 것으로 알려졌다.(C-6)

---

1 서상일(徐相日, 한국인, 공산당 가입 불확실) 대구시 대신동 5-4. 민주국민당 경상북도 도당위원장. 전 국회의원.
2 김(金, 이름 불명, 한국인, 공산당 가입 불확실). 대구시, 한국 육군 헌병대 CIC 대장. 여러 가지 정황으로 볼 때 방첩대장 김창룡(金昌龍)을 의미하는 것으로 보임.(역자 주)
3 김일성(金日城, 한국인, 공산당원으로 확인됨) 북조선인민공화국 수상.
4 김최(한자 미상, 한국인, 공산당원으로 확인됨) 김일성의 비서. 여러 가지 정황으로 보아 김최(Kim Choi)는 김철(Kim Chol)의 오타(誤打)로 보임.(역자 주)
5 조봉암(曺奉岩, 한국인, 공산당 가입 불확실) 한국 국회 부의장.
6 이승만(李承晩, 한국인, 반공주의자) 한국 대통령.

2. 황봉이(黃奉伊, 공산당 가입 불확실)7는 1951년 12월 2일 면담에서 다음과 같이 진술하였다.

1951년 11월 15일 또는 그 무렵에 박진목과 장경근(張景根, 공산당 가입 불확실)8의 동생이라는 경찰관이 본정여관에서 2시간 정도 만났다. 이때 박진목은 자신이 부산으로 갈 것이라고 진술했다. 박진목은 1951년 11월 22일 또는 그 무렵에 본정여관으로 돌아왔고 이때 이름을 박상화라고 하나 더 지었다. 민간인 복장을 한 3명의 남자가 박진목을 찾아와 한 시간 정도 머물렀다. 박진목은 현재 부산에 있는 것으로 알려졌다.

박호인(朴浩仁, 공산당 가입 불확실)9은 박진목의 친한 친구로 알려졌다.

(F-6)


3. 1951년 12월 3일 서상일(공산당 가입 불확실)은 박진목에 관한 다음과 같은 정보를 제공하였다.

약 2주 전에 박진목이 서상일의 집을 방문하여 남북한의 통일에 관하여 이야기하였다. 서상일의 진술에 따르면, 남조선노

---

7 황봉이(黃奉伊, 한국인, 공산당 가입 불확실) 여자, 대구 종로 본정(本町)여관의 종업원. 원문에 본정여관이 本正旅館으로 표기 된 것은 오기로 보임.(역자 주)
8 장경근(張曔根, 한국인, 공산당 가입 불확실) 전 국방부 차관.
9 박호인(朴浩仁, 한국인) 법적 일본 이름 Matsukawa Hoin(松川浩仁, 공산당 가입 불확실) 대구시 동숭로 2가 102. 민주국민당 대구지부 전 집행위원.

동당(南朝鮮勞動黨)10의 당원이었고 보도연맹(保導聯盟)원11이었던 박진목은 전에 한국의 서울에 있었으나 현재는 부산(주소 미상)에 있는 것으로 믿어진다고 한다. 서상일은 박진목이 부산의 조봉암(공산당 가입 불확실)과 연결되어 있을지 모른다고 진술하였다. 서상일은 박진목이 한국 통일의 중립적 중개자로 활동하는 많은 개인 중의 한 사람이라는 것과, 박진목과 연결되어 있는 사람이 누구인지 모른다고 말하면서, 박진목이 북한에 연줄이 있는 것으로 믿고 있다.

서상일은 박진목의 동조자들이 남한보다는 북한에 더 가깝다고 진술하였다. 서상일은 출처는 불확실하지만, 박진목이 과거에 그리고 현재에도 한국의 서울에 있는 CIC와 연결되어 있다는 이야기를 들은 적이 있다고 진술하였다. 서상일은 위에 말한 만남 이후 박진목의 소식을 듣지 못했고 언제 대구로 올 것인지, 올지 안 올지의 여부도 모른다고 진술하였다. 서상일은 박진목이 대략 40세 정도로 보이며 키는 5피트 5인치, 긴 머리에, 체구는 건장한 중간형으로 눈에 띄는 외관상 특징이 없는 것으로 진술하였다.

4. 1951년 12월 3일과 5일 박호인(공산당 가입 불확실)은 박진목과 관련된 면담에서 다음과 같이 진술하였다.

박호인은 서로가 잘 아는 친구 김태주(金兌柱, 공산당 가입

---

10 남조선노동당(南朝鮮勞動黨, SKLP).
11 보도연맹(保導聯盟).

불확실)12를 통하여 1948년에 박진목을 만났다. 박진목은 사회 및 경제 문제에 조예가 깊은 총명한 인물이며 경상북도에서 좌익 인사로 잘 알려져 있다. 박진목은 1950년 1월에 좌익적인 정치적 의지(依支)를 포기하고 보도연맹에 가입하였다.

1950년 6월 22일 당시 남로당 경상북도 도당위원장인 박진목은 북한에 갔으나 보도연맹과의 관계로 다소 냉대를 받았다. 박진목은 약 1개월 후 한국 서울로 돌아왔으며 경상북도 안동에서 북한 인민군에 무기가 없는 지원병으로 입대하게 되었다. 박진목은 북한 인민군이 후퇴할 때 인민군을 따라 다니다가 강원도 춘천에서(일자 미상) 북한 인민군에서 "도망"하였다.

박호인은 자기가 1951년 11월 10일 대구 본정여관에서 박진목을 만났으며 1951년 11월 22일 다시 박진목이 자신의 집으로 찾아왔다고 진술하였다. 박진목이 위에 말한 날, 즉 1951년 11월 10일과 22일에 위의 정보, 즉 1950년 6월 22일의 북한 여행과 북한 인민군에서의 그의 활동을 자기에게 말해 줄 때 다음과 같은 정보도 추가하여 말해 주었다고 진술하였다.

박진목은 북한 인민군의 필요 없는 살인과 파괴를 목격하고 전쟁의 평화적 해결과 한국의 통일을 위하여 일하기로 결심하였다. 박진목은 현재의 갈등에 관한 북한 지도자들의 태도와 견해를 알아보기 위하여 북한 여행을 하였다.(일자 미상) 박진목의 말에 의하면, 북한의 관리들은 남한을 침공했을 때 신속

---

12 김태주(金兌柱, 한국인, 공산당 가입 불확실) 부산시(주소 미상) 민주국민당 대구시당 부의장.

한 승리를 예상했으나, 유엔군의 파견을 예상치 못했으며, 중공의 간여에도 불구하고 전쟁을 계속할 힘이 더 이상 없다는 것을 이제 깨닫고 있다고 하였다. 중국공산주의자들은 국제 공산주의의 힘과 강함을 보여주어 세계를 감명시키려고 한국 전쟁에 개입하였다. 중국 공산주의자들은 북한 정부가 요구할 때 철수할 것이다.

 북한에 있는 동안 박진목은 이승엽(李承燁, 북한 공산당원으로 확인됨)13과 전쟁 종결과 통일된 한국 수립을 위한 수단과 방법을 협의·토론하였다. 평화로운 통일을 위하여 외국인의 참석 없는 남북한 지도자들의 합동 회의가 제안되었다. 이승엽은 그러한 모임에서 북한을 대표할 몇 명의 개인(이름 미상)을 지명하였다. 박진목은 이승만(반공주의자)과 국회의장을 포함하는 남한 최고의 정치 지도자들과 만나려고 하며 그들의 승인을 얻어 회의에 대표를 보내려고 하며 회의 장소는 현재의 휴전 협상 지역인 판문점으로 하되, 남한이 회의 참석에 동의하고 남측 대표를 지명하는 대로 곧 그러한 회의가 열릴 것이라고 말하였다. 박진목은 공산주의자들이 승리하지 못할 것이라는 것을 깨닫고 있으며 휴전 협상에 관한 그들의 선전에 불구하고 마지막 순간에 조건이 불리하다 할지라도 휴전을 받아들일 것이라고 진술하였다.

 박진목의 말에 따르면, 공산주의 지도자들은 남북 합동회의

---

13 이승엽(李承燁, 한국인, 공산당원으로 확인됨) 북조선노동당 비서

에 관하여 다음과 같은 논리를 제시하고 있다. 북한은 남한 침공과 개전의 죄가 있다. 남한 정치 지도자들은 부패한 행정을 통하여 남한을 파괴한 죄가 있다. 한국이 파괴되었다는 것에는 남북이 동일한 죄가 있으므로 우리는 통일된 나라의 건설을 새롭고 동일한 노력으로 시작하자. 공산주의자들은 통일된 한국 정부에서 남북한이 반반의 대표권을 갖고 시작하고 싶어 한다. 그러나 남북의 동일한 죄과에도 불구하고 북한은 국회에서 30%의 대표권이 주어진다 해도 남한과의 통일을 달성하고 싶어 한다. 박진목은 더 나아가 북한은 국회에서 30%의 대표권을 가지고서도 지하조직을 구성할 것이며 정치적 수단을 통하여 통일된 한국을 접수할 것이라고 말하였다.

박호인은, 평화로운 방식으로 전쟁이 종결되고 통일된 한국이 실현되기를 바라는 박진목의 희망에도 불구하고 박진목은 신뢰받을 수 없으며 중재자로서의 그의 지위를 북한 괴뢰 정부에 이롭게 행사하게 될 것으로 믿는다고 진술하였다. 박호인은 또한 박진목이 1951년 11월 10일 대구에 머물러 있는 동안 박노수(朴魯洙, 노동당 가입 불확실)[14]와 회합을 가졌으며 며칠 후 경상남도 부산의 김태주(金兌柱, 공산당 가입 불확실, 각주 12)를 만나 이야기를 나누었는데 그 두 경우의 대화 주제는 한국 통일 문제였으리라고 믿는다고 하였으며, 박진목이 현재 부산에 있는 중국 대사관 근처 하숙집(주소 미상)에서 김태주와

---

14 박노수(朴魯洙, 한국인, 공산당 가입 불확실) 대구시(주소 미상) 민주국민당 경상북도당 감찰부장.

함께 머무르고 있다고 진술하였다.

박호인은 또 박진목이 1951년 11월 10일 대구에 있는 동안 장덕근(張德根, 공산당 가입 불확실)15과 함께 있었는데, 장덕근은 서울 경찰국이 박진목을 보호하고 그의 임무를 달성하도록 돕는 임무를 받은 것으로 확신한다고 진술하였다. (즉 박진목이 전 남로당 지도자로서 납치되지 않도록 방지하는 것이다.) 박호인은 또 박진목의 임무가 유엔의 어느 관리(이름 미상)의 축하를 받은 것으로 확신한다고 진술하였다.

박호인은 더 나아가 최익환(공산당 가입 불확실)16이 미국 국무성이나 남한 정부 관리의 요청으로 남북한 연석 정치 회의에 관련된 박진목의 제안에 대하여 남한 정부의 회답을 알리며, 북한 정부에 의하여 제안된 회의와 관련된 진실과 추가적 사실을 알아보기 위하여 현재 북한에 머물고 있으며, 이 달 남한으로 귀환할 것으로 예상하고 있다고 증언하였다. 박호인은 한국 내에서 현재의 경제적 여건과 박진목과 최익환 두 사람의 현재의 재정 상태를 고려해 볼 때, 그들이 약 1천만 원에 고용되었을 수 있다는 믿음을 갖고 있다고 결론적으로 진술하였다.

박호인은 박진목에 관하여 다음과 같은 배경을 진술하였다.

---

15 장덕근(張德根, 한국인, 공산당 가입 불확실, 주소 미상), 한국 서울, 서울 경찰청 수사과장. 장경근의 동생.

16 최익환(崔益煥, 한국인, 공산당 가입 불확실), 주소 미상, 나이 56세, 군정청 민주의원(民主議院) 의원.

이름 : 박진목(朴進穆)
별칭 : 박상화(朴相和)
나이 : 35 또는 한국식으로 36세
본적 : 경상북도 의성군(慶尙北道 義城郡)
현주소 : 서울시 종로구 청진동(서울市 鍾路區 淸進洞)
전 주소 : 1945년 이전-경상북도 달성군 구지면(慶商北道
　　　　　達城郡 舊地面)
　　　　　1945~1950. 6-경상북도 달성군 유가면(慶商北
　　　　　道 達城郡 柳家面)
직업 : 1945년 이전-경상북도 의성군에서 창고 운영
　　　　1945~1950. 6-경상북도 달성군 유가면에서 양조장
　　　　운영
배우자의 유무 : 첫 부인의 이름과 주소는 미상
자녀 2명. 그녀는 현재 대구에서 거주하며(이하 1행은 사
　　　　생활에 관한 것이므로 생략함)
두 번째 부인 : 이중선(李中仙)
나이 : 30, 주소 미상(F-6)

[5] 특수정보원의 직함과 소속

그린(Francis J. Green), 핫지스(John B. Hodges), 801 CIC (sgn)

[기밀]

## 정보원 보고서

[1] 대상 인물 또는 사건의 제목
박진목(朴進穆), 일명 박상화(朴相和)

[2] 발송 일자
1952년 7월 26일

[3] 관리 부호 또는 화일 번호
KOR-704-500 (5a)

[4] 발견 사실
참고 : 수취 부서, 801 CIC, Kor-801-194(5a) 박진목에 관한 건(1951년 12월 7일)

1952년 5월 31일 경상북도 대구 한국 육군 CIC 본부 번역과 중위 정광호(鄭光浩, 공산당 가입 불확실)[1]는 다음과 같이 진술하였다.

박진목(朴進穆, 공산당 가입 불확실)[2]은 1952년 5월 3일경 한국 육군 CIC에 체포되었다. 그 후 재판을 받기 위하여 대구 중앙 고등법원에 이송되어 간첩죄로 재판받게 되었다. 박진목은 몇 명의 국회의원과 연결된 이중 간첩이며 한국 정부와 군대 안에 공작원이 있다는 혐의를 받았다. 박진목에 의하면 최익환(崔益煥, 공산당 가입 불확실)[3]은 아직 북한에 있어서 한국 육군 CIC에 체포되지 않았다고 진술하였다.

비밀 정보원 T-12는 1952년 7월 1일부터 9일까지의 정보를 다음과 같이 진술하였다.

박진목이 부산에서 부산 한국 육군 CIC에 체포되었으나 한국 육군본부와 최고 군법회의가 대구에 있었기 때문에 재판을 받기 위하여 대구로 이송되었다. 박진목은 판문점과 관계가 있을 뿐만 아니라 한국 정부에 체포된 12명의 국회의원들과 밀접한 관계가 있다고 한다. 박이 재판받을 곳은 1952년 6월 30일

---

1 정광호(鄭光浩, 한국인, 공산당 가입 불확실) 생년월일 미상. 25세. 신분 미상. 주소: 대한민국 대구시 대한민국 육군 방첩대.
2 박진목(朴進穆); 일명 박상화(朴相和, 한국인, 공산당 가입 불확실) 생년월일 미상. 신분 미상. 주소: 대한민국 서울시 종로구 청진동.
3 최익환(崔益煥, 한국인, 공산당 가입 불확실) 생년월일 미상. 대략 56세; 신분 미상. 주소: 미상. 위의 1951년 12월 7일자 박진목 파일 참조.

대구 지방법원으로 정해지고 재판 예정일은 1952년 7월 14일 이었다. 박은 간첩죄가 아니라 국가보안법 위반으로 재판받을 것이다. 변호사는 임문석(林文碩, 공산당 가입 불확실),4 한석동(韓錫東, 공산당 가입 불확실)5이며 임문석은 박진목의 소실의 요청으로 그를 변호하게 되었다. 이영숙(李英淑, 공산당 가입 불확실)6은 주병환(朱秉煥, 공산당 가입 불확실)7이 소개하였다. 한석동 변호사는 대구시 경상북도 경찰국 정보과 차석 장낙철(張樂喆, 공산당 가입 불확실)8의 요청으로 고용되었다. 다음의 장락철, 홍준(洪駿, 공산당 가입 불확실),9 김태주(金兌柱, 공산당 가입 불확실),10 김차순(金車淳, 공산당 가입 불확실),11

---

4 임문석(林文碩, 한국인, 공산당 가입 불확실) 생년월일 미상. 신분 미상. 주소 : 대한민국 대구시, 변호사. 민주국민당 당원.
5 한석동(韓錫東, 한국인, 공산당 가입 불확실) 생년월일 미상. 신분 미상. 주소 : 미상, 변호사.
6 이영숙(李英淑, 한국인, 공산당 가입 불확실) 생년월일 미상. 신분 미상. 주소 : 미상. 박진목의 처이거나 또는 소실.
7 주병환(朱秉煥, 한국인, 공산당 가입 불확실) 생년월일 미상. 신분 미상. 주소 : 미상. 민주국민당 당원, 특별위원회 위원.
8 장낙철(張樂喆, 한국인, 공산당 가입 불확실) 생년월일 미상. 신분 미상. 주소 : 미상. 대구시 경상북도 경찰국 정보과장.
9 홍준(洪駿, 한국인, 공산당 가입 불확실) 생년월일 미상. 신분 미상. 주소 : 미상. 피고인 측 증인.
10 김태주(金兌柱, 한국인, 공산당 가입 불확실) 생년월일 미상. 신분 미상. 주소 : 미상. 피고인 측 증인. 이 사람의 한문 표기는 아마도 金兌柱의 오기일 것이다.(역자 주)
11 김차순(金車淳, 한국인, 공산당 가입 불확실) 생년월일 미상. 신분 미상. 주소 : 미상. 피고인 측 증인.

박영덕(朴永德, 공산당 가입 불확실),12 이종영(李鍾永, 공산당 가입 불확실)13이 피고인 측 증인이다.

1952년 7월 15일 비밀 정보원 T-12는 다음의 정보를 보고하였다.

박진목의 재판은 1952년 7월 14일 10시 30분에 시작되어 일반에 공개되었으며 주심 판사는 이용실(李用實, 공산당 가입 불확실)14이었고 박진훈(朴鎭熏, 공산당 가입 불확실)15이 주임 검사였다. 임문석이 박진목을 변호하였다. 박진목은 국가보안법 중 다음 사항의 위반 혐의로 고발되었다. 즉,

(1) 박진목은 남로당16에 가입하였으며, 한국 해방 후 (1945년 8월 15일) 남로당 경상북도 도당 재정부장으로 있었다.

(2) 박진목은 1948년 5월 30일에 실시되는 국회의원 총

---

12 박영덕(朴永德, 한국인, 공산당 가입 불확실) 생년월일 미상. 신분 미상. 주소 : 미상. 피고인 측 증인.
13 이종영(李鍾永, 한국인, 공산당 가입 불확실) 생년월일 미상. 신분 미상. 주소 : 미상. 피고인 측 증인. 이 사람의 이름은 이종형(李鍾滎)이 맞다. 본서 80쪽 참고.
14 이용실(李用實, 한국인, 공산당 가입 불확실) 생년월일 미상. 신분 미상. 주소 : 미상. 피고 박진목 재판의 주심 판사.
15 박진훈(朴鎭熏, 한국인, 공산당 가입 불확실) 생년월일 미상. 신분 미상. 주소 : 미상. 피고 박진목의 주임 검사.
16 남조선노동당(南朝鮮勞動黨, SKLP)

선거를 반대하는 유인물을 살포하였다.
(3) 박진목은 한국전쟁 발발 후 곧 북한인민군(NKPA)이 서울을 점령했을 때 북한군 의용군에 자발적으로 가담하고 경상북도 안동 전투에 참가하였다.

박진목의 변호인은 박진목이 자발적으로 북한의용군에 가담했다는 것을 부인하고 의용군에 강제로 편입되었다는 취지로 증언할 수 있는 증인을 찾을 수 있도록 재판을 휴정해 줄 것을 요청하였다. 박진목의 변호사 임문석은 증인 홍준이 박진목과 함께 의용군에 강제 편입되었고 그 사실을 증명할 수 있다고 증언하였다. 박진목의 재판은 1952년 7월 21일까지 연기되었고 홍준은 그때 증언할 수 있도록 소환될 것이다.(C-3)

## [5] 특수정보원의 직함과 소속

그린(Francis J. Green), 704 CIC, 2d Log Comd (C) APO 59 (sgn)

# 박진목(朴進穆)의 진술

박진목의 모습

# 박진목(朴進穆)의 진술[1]

이런 이야기를 공개해도 좋을는지 모르겠습니다. 나는 동족 상잔의 비극이 하도 비참해서 민족을 살리는 길은 전쟁을 즉시 중지하는 것이라고 해서 벌였던 일입니다만 그 후 남북에서 다 같이 오해를 받았으니까요.

이야기는 간단합니다. 해방 전 독립 운동을 좀 했던 나는 해방 후 어찌하다 남로당(공산당)을 해서 도당(道黨) 간부까지 지냈으나 남로당 노선이 비합법 폭력 투쟁으로 나가는 것이 못마땅해서 당 노선을 비판하다가 당에서 쫓겨났고, 6·25가 터지자 민족의 비애를 느껴 반전론을 펴고 있다가 나 자신 의용군

---

[1] 이 글은 조규하(曺圭河) 기자의 녹취로 『동아일보』 1972년 5월 23일, 25, 27, 30일자의 「남북의 대화」(91-94회)에 연재된 것이다. 이 글은 훗날 曺圭河·李庚文·姜聲才, 『남북의 대화』(서울: 한얼문고, 1972), 429~441쪽; 曺圭河·李庚文·姜聲才, 『남북의 대화』(서울: 고려원, 1987), 512~528쪽에 전재되었다. 이 글을 본서에 전재하도록 허락해 주신 조규하 선생님(전 전라남도 지사)과 박진목 선생님의 호의에 감사한다.

으로 강제 징발되었다가 이탈한 후 일어난 일이지요. 1·4후퇴가 있었으나 서울에 남아 있다가 우익 독립 투사인 최익환(崔益煥, 작고) 선생과 같이 당시 북쪽의 사법상(司法相)이자 서울시 인민위원장이고 대남 총책인 이승엽(李承燁)을 만나 종전을 호소, 동의를 얻은 다음 이승만(李承晩) 대통령을 설득시키려 했지만 여의치 않아 하지(John R. Hodge)2의 보좌관을 했던 이용겸(李容謙)3 씨를 통해 미 대사관 사람들과 연결이 되어서 종전을 성취시키기 위해 평양에 가 이승엽 등을 만나고 왔는데 북쪽에 가서는 미국의 스파이로, 남쪽에 와서는 북쪽의 스파이

---

2 하지(John R. Hodge : 1893~1963) : 일리노이 출신으로서 육군대학과, 참모학교, 보병학교, 공군전략학교를 졸업한 후 중위로 임관하여 제1차 세계 대전 당시 보병대위로 대독전(對獨戰)에 참가했다. 1942년에 25사단 부사단장으로 남태평양 정글전에 참전하여 훈장(Legion of Merit)을 받았고, 1943년 7월에 사단장으로 승진하여 솔로몬 군도의 전투에서 공을 세우고 무공훈장을 받았다. 1944년 6월에 남경(南京) 학살의 주역인 일본군 6사단을 격파하고 부상을 입어 상이기장을 받았으며, 1945년에 중장으로 승진하여 24군단장이 되어 한국의 점령사령관으로 복무하다가 1953년에 퇴역했다. 그는 '군인 중의 군인'(Soldier's Soldier)이라는 칭호를 들었으며, 전쟁을 잘 아는 전형적인 군인이었다. 지휘관으로서의 냉철한 판단과 전선에서 항상 병사들과 생사를 함께함으로써 부하 병사의 신임을 받았다. 그는 일본군과 정글 전투의 권위자였다. 그가 제일 싫어하는 것은 장발이어서 자신의 머리를 짧게 깎았을 뿐만 아니라 병사들에게도 2인치 이상의 머리를 인정하지 않았다. 그는 유언비어를 엄중히 경계했으며, 장교는 병사의 이름을 일일이 기억해야 한다고 주장했다. 차상철, 「존 하지(John Reed Hodge)와 미군정 3년」, 《東方學志》 89-90 합병호(서울: 연세대학교 국학연구원, 1995), 460~461쪽 참조.

3 이용겸의 전력(前歷)에 대해서는 본서 109쪽 참조.

로 오해받고 고생하기도 했다는 줄거리입니다.

그 후 1952년 6월 이 운동을 지지, 이승만 대통령을 설득하려던 김시현(金始顯)4 당시 국회의원은 이 대통령이 이를 거절하자 이 대통령의 계속 집권 욕과 그로 인한 정치 파동 연속에 대한 감정까지 겹쳐 이 대통령을 권총으로 암살하려던 사건으로까지 번지기도 했지요. 또 북쪽에서는 김일성(金日成)이 휴전 성립 이후 박헌영(朴憲永)5 · 이승엽6 · 이강국(李康國)7 · 임화

---

4 김시현(金始顯 : 1883~1966) : 안동 출신. 일본 메이지(明治)대학 출신. 3 · 1운동 이후 만주로 망명하여 의열단(義烈團)에 참여하고 1922년에 모스크바에서 개최된 극동피압박민족회의에 한국 대표로 참여했다. 일제 치하에서 주로 대일테러리즘에 참여하여 여러 차례 투옥되었다. 해방 후 1950년에 국회의원에 당선된 후 이승만(李承晚) 대통령 암살을 기도하였으나 미수에 그치고 사형언도를 받고 복역 중 4 · 19혁명 후에 출옥하여 국회의원에 당선됨.

5 박헌영(朴憲永 : 1900~1956) : 충남 예산 출신. 서출로 태어나 경성제일고등보통학교를 졸업(1919)하고 1920년에 상하이로 망명하여 고려공산당(이르쿠츠크)에 가입하고 고려공산청년회(共靑)을 결성하여 책임 비서가 됨(1921). 『동아일보』와 『조선일보』의 기자를 지내고 일제 치하에서 공산주의 민족 진영을 이끌며 여러 차례 투옥되었다가 해방을 맞이함. 해방과 더불어 조선공산당을 재건하여 총비서가 되고, 남로당을 주도하던 중 미군정의 체포령을 피해 월북, 북조선 건국 후에는 외상 겸 부수상을 역임했고, 한국전쟁 중에는 조선인민군 총 정치국장으로 전쟁을 수행했으며, 종전과 더불어 패전의 책임을 추궁당하는 과정에서 간첩죄로 몰려 숙청됨.

6 이승엽(李承燁 : 1905~1953) : 경기도 부천의 뱃사공의 아들로 태어남. 3 · 1운동에 참여하고 잠시 일본에 유학한 후, 보성전문학교를 중퇴하고 공청(共靑)에 가입하였고, 『조선일보』 기자로 활약하면서 인천 지역의 좌익 운동을 주도했다. 일제 치하에서 적색 노조와 화요회(火曜會)를 주도하면서 여러 차례 투옥되었다. 해방과 더불어 장안파 공산당을

(林和)8 · 배철(裵哲)9 · 설정식(薛貞植)10 등 남로당 계열을 숙청, 사형에 처했는데 그 이유 중의 하나가 그들이 최익환 · 박진

---

이끌고 조선공산당 제2비서가 되어 활약하다가 1948년에 월북하여 최고인민회의 대의원과 사법상을 역임했다. 한국전쟁 중에는 서울시인민위원장, 인민검열위원장에 재직했으며 간첩죄로 처형되었다.

7 이강국(李康國 : 1905~1953) : 경기도 양주에서 태어나 충남 예산에서 성장함. 보성(普成)고등보통학교와 경성제국대학 법문학부에서 공부하고 베를린대학에 유학(1932)하는 동안에 독일공산당에 입당했다. 1935년에 귀국하여 적색 노조와 인민전선 활동을 전개하면서 여러 차례 투옥되었다. 해방과 더불어 인민공화국 서기장과 민주주의민족전선(民戰) 사무국장으로 남한 좌익의 핵심으로 활약했다. 군정의 체포령을 피해 월북하여 사업성 법규국장과 인민군병원장 등을 역임하고 종파 사건에 연루되어 숙청됨.

8 임화(林和 : 1908~1953) : 서울 출생. 보성고등보통학교를 중퇴하고 문학 · 예술에 종사하던 중 조선프롤레타리아예술동맹(KARF)의 창립에 주역이 되었다. 해방과 더불어 조선문학가동맹을 결성하여 활약하던 중 월북하여, 국가 전복 음모로 처형되었다. 그의 일생을 그린 松本淸張, 『北の詩人』(東京 : 中央公論社, 1984)이 있다.

9 배철(裵哲 : 1912~1953?) : 경기도 개성 출신 일본에 유학하여 일본공청(日本共産靑年同盟)의 회원으로 활약하였고, 해방 이후에는 민전(民主主義民族戰線)의 재일 조선인 대표로 활약했다. 남로당 경북도당 위원장을 지냈으며(1948) 한국전쟁 동안에는 인민군총사령부 유격지도처 책임자 및 연락부장으로 활약하다가 1953년에 숙청됨.

10 설정식(薛貞植 : 1912~?) : 함남 단천 출신. 서울공립농업학교 재학 중 광주학생운동에 참여하여 퇴학당한 후 중국 · 일본으로 다니며 수학하다가 귀국하여 한때 연희전문학교에 재학했으며, 미국으로 건너가(1937) 컬럼비아대학에서 공부했다. 일제시대에는 시인으로 활약하다가 해방 후에는 한때 미군정청 여론국장으로 활약했고, 공산당에 가담하여 조선문학가동맹에 가입했다. 한국전쟁 중에는 북한군 전선사령부 문화훈련국에서 활동했고 휴전 회담 통역으로 활약하다가 박헌영 · 이승엽과 함께 숙청됨.

목을 통해 미국의 스파이 활동을 했다는 것입니다. 민족은 서로 사랑하고 아껴야 하는 법, 당시 나는 주의와 사상보다 상위 개념인 민족의 장래 문제를 나의 신념으로 삼고 움직였을 뿐입니다.

저의 집안은 큰 형님 시목(朴詩穆)11의 감화를 받아 독립 운동에 나선 사람이 많았습니다. 나도 자연 독립 운동에 투신했고 일경(日警)에 체포되어 1년쯤 형무소 살이를 하다가 해방 직전에 석방되었어요. 해방 후 같이 독립 운동했던 친구들을 따라 건국준비위원회 일을 하다 보니 인민위원회(人民委員會) · 남로당(南勞黨)을 관계하게 되었습니다. 나는 사실 고등 교육을 받지 않아 공산주의 이론이라든지 공산주의가 어떤 것이라는 것을 알아서 공산당을 한 것은 아닙니다.

남로당이 신탁 통치, 미소공위, 대구 폭동, 좌우 합작 등 문제를 가지고 점차 심하게 비합법 폭력 투쟁으로 나가 사람을 상하게 하니까 나는 당의 노선이 잘못되었다고 생각하게 되었지요, 나는 해방이 되면 우리 민족끼리 잘 살 수 있을 것이라 기대했었는데 좌익은 폭력으로 싸워서 이기겠다고 했고 우익은 우익대로 좌익만이 잘못이라며 구석구석에서 싸움판이 벌어졌어요. 그래서 나는 남로당 노선에 회의를 느껴 당을 그만둘 생각

---

11 박시목(朴時穆 : ?~1944) : 경북 의성 출신. 일본 소지(上智)대학을 졸업하고 일본에서 활동하면서 신간회(新幹會) 도쿄지회장을 지내는 등의 항일 운동에 종사했다. 일제 말엽에 베이징(北京) 감옥에서 옥사했다. 독립유공자 애족장을 수장함(1990).

도 했었지만 그만두기도 쉽지 않아 당내 투쟁을 하기로 했어요.

　내가 경북도당 부장급으로 있을 때인데 1947년 8월경이에요. 당의 지도 노선이 잘못되었다고 비판하고 수정을 요구했습니다. 윤리 도덕을 바탕으로 한 인도주의적 민족 위주의 것으로 바꾸어야 민중의 지지를 얻을 수 있다고요. 그랬더니 중앙당의 도당 책임 지도원 배철(裵哲)이가 나를 소환, 당의 핵심에서 쫓아냈습니다. 그 이후에도 5·10선거 이후 한 번 더 크게 비판했더니 근신을 명합디다. 나는 당에서 쫓겨나는 것이 싫지 않았습니다. 과격한 투쟁 방법의 잘못으로 남로당은 민심을 외면했거든요. 날이 갈수록 남로당의 지도 노선을 비판한 나의 견해가 옳았다는 생각이 듭니다.

　6·25가 터졌습니다. 전쟁은 비참했습니다. 무엇 때문에 동족을 죽이고 죽는지 의문이었습니다. 공산군이 적국을 점령한 승자 같은 승리감에 꽉 차 있는 것이 슬펐고요. 탱크를 몰고 와서 동족을 죽이고 죽는 것이, 또 강토를 초토화하는 것이 애국이고 혁명이고 영웅적 행동일 수 없다고 생각했어요. 그러나 당을 이탈한 나는 공산군 치하에서 구경꾼일 수밖에 없었습니다. 8월 초순 나는 의용군으로 붙들렸습니다.

　폭력 투쟁을 반대하여 당을 이탈한 내가 동족에게 총을 겨누어야 할 의용군으로 나가다니 허전하고 슬펐습니다. 다행히 노무자 일을 봤어요. 전쟁은 치열해서 많은 사람이 피를 흘렸습니다. 누구를 위한 전쟁이며 무엇을 위한 전쟁인지 심히 회의를 느꼈습니다. 이유는 무어라고 하든 말을 할 수 있겠지만 어떤 경우 어느 곳에서나 전쟁은 옳은 일일 수 없지 않습니까. 전쟁 도발자는 역사가 바로 설 때 민족의 심판을 받으리라고 확신했고 그에 대해 증오심이 불탔어요.

## 남로당 서울시 당책(黨責)을 설득

후퇴가 시작되었습니다. 안동(安東)에서 8일 만에 춘천(春川)에 도착했습니다. 수없이 많은 사람들이 어처구니없이 피를 흘리고 죽었습니다. 아무도 죽어가는 사람을 도우려 하지 않아요. 전쟁은 인간을 잔인하게 만들고 인간성을 말살하는가 봐요. 전쟁으로 민심은 거칠어 가고 그렇게 순하던 우리 민족성이 잔인해져 가요. 이런 전쟁을 무엇 때문에 해야 하느냐고 자문해 보기도 했습니다. 흐르는 소양강 물을 바라보다가 나는 처자가 있는 서울로 와 버렸습니다. 그러나 전력(前歷) 때문에 암담한 생활이 계속되었습니다.

1·4후퇴가 있었습니다. 이번에는 중공군이 밀고 들어오는 판이에요. 한국 땅에서 세계 열강의 국제전이 벌어졌고 그나미도 서로 제한 전쟁이라 밀고 밀리고 할 뿐 그 속에서 우리 민족만 녹아나고 비참하게 죽어 가게 되었어요. 나는 잘 곳도 없었습니다. 옛날부터 잘 아는 해방 후 민주 의원을 지냈던 최익환(崔益煥) 선생을 찾아 갔습니다.

그는 일제 때 김구(金九) 선생과 합의, 상해(上海)로 의친왕(義親王)[12]을 모시고 가 독립 운동을 하려 했던 분이지요.[13] 둘

이서 우리가 할 일은 종전 운동뿐이라는 데 의견이 모아졌지요. 텅 빈 서울에 남아 있노라니 중공군이 어슬렁어슬렁 들어왔고 잘 아는 조남진(趙南鎭)이가 우연히 찾아왔습니다. 연기 나는 집이 우리들이 있던 집 밖에 없었으니까요. 그는 로동당(공산당) 서울시당책을 맡고 있다고 합디다. 그를 붙잡고 민족을 살리는 길은 종전(終戰)밖에 없다고 호소했습니다. 죽을 각오를 하고 말했어요. 그는 국군이 먼저 북침을 해서 싸움이 시작된 것이고 책임은 남쪽에 있다는 선전을 해요.

나는 남침 북침을 따질 필요도 없고 국제전이 되어 지금 이 시간에도 같은 민족끼리 죽이고 죽는 이 마당에 민족을 다 죽이는 전쟁만 계속하면 무엇 하느냐고 말했어요. 조남진이는 결국 내 의견을 존중한다고 했습니다. 며칠이 지나 서울시 인민위원회 부위원장을 하는 한지성(韓志成)14을 만나 또 설득했습

---

12 의친왕(義親王 : 1877~1955) : 의화군(義和君) 이강(李堈). 고종의 다섯째 아들. 미국 로노크대학에서 공부하고 귀국하여 일제 치하에서 일경의 감시 속에 불우한 세월을 보내다가 1919년 대동단에 의한 중국 망명을 시도하였으나 실패함. 그의 생애에 관한 자세한 논의는 신복룡, 『대동단실기』(서울: 도서출판 선인, 2003) 참조.

13 이 부분에 관해서는 신복룡, 『대동단실기』(서울 : 도서출판 선인, 2003), 참조.

14 한지성(韓志成 : 1913~?)은 해방 직전까지 임정의 좌파에서 활약했으며, 신탁 통치 소식이 전해지자 이에 반대하는 재(在)중국자유한인대회의 주석단 6인 중의 한 명으로 활약했고, 김원봉(金元鳳)이 이끄는 조선혁명당의 조직부장으로 활약했다. 해방과 더불어 귀국하여 민주주의민족전선 상임위원과 인민당 서울시 지부장으로 활약하던 중 월북하여 최고인민위원회 대의원을 역임했고, 한국전쟁 중에는 서울시 인민위원회

니다. 그는 장성급이었지요. 그도 조심스럽게 찬성합디다. 그들이 주선해서 1951년 1월 25일 연락이 왔어요. 서울시 인민위원장 이승엽(李承燁)이가 만나자는 겁니다.

이승엽의 모습[15]

[최익환과 박진목은 1951년 1월 25일, 1·4후퇴 후 서울에 남아 있다가 추운 겨울날 서울시 인민위원회가 있던 보성중학교 입구의 어느 이층집에서 이승엽을 만났다. 편집자 註]

이승엽 씨가 기다리고 있었습니다. 술상이 나왔어요. 술을 좀 마신 다음 최익환 선생이 동족 상쟁의 전쟁을 끝내라고 열을 올려 호소했지요. 최 선생이 이야기하는 중에도 폭격이 있었구요. 폭격 때문에 말이 중단되기도 했습니다. 이승엽이는 국군이 먼저 쳐들어왔기 때문에 남침을 하게 되었다고 선전을 해요.

---

부위원장을 지냈다. 《독립신문》(臨政) 창간호, 1943년(대한민국 25년) 6월 1일자;『독립운동사자료집(8)』(서울: 독립운동사편찬위원회, 1974), 35, 43~44쪽; 民主主義民族戰線(편),《朝鮮解放年報》(서울: 文友印刷館, 1946), 157쪽.
15 정병준,『한국전쟁』(서울: 돌베개, 2006), 416~417쪽의 간지에서 전재.

나는 전쟁을 끝맺자는 데 그런 것을 따진들 무슨 필요가 있느냐, 설사 국군이 먼저 북침을 했다 하더라도 그 많은 병력과 탱크 등 우세한 장비로 38선에서 막기만 하고 내려오지 않았다면 그것으로 끝나지 않았겠느냐, 그렇게 하는 것이 같은 민족으로서의 도리일 것이고 더 좋은 정치적 투쟁 방법이 아니었겠느냐, 그것이 남침의 이유라면 이유가 안 된다고 말했지요.

그리고 전쟁은 너무 비참하다는 것, 해방된 조국에서 민족이 알뜰하게 잘 살기 위해 선열들이 독립 운동을 했지 주의와 사상을 이유로 독립 운동을 하지는 않았을 것이라고 말했어요. 그리고는 진정으로 민족 문제를 평화적으로 해결하려는 노력이 있어야 할 것이고 공산군은 지금 당장 전쟁을 끝맺어 민족을 전쟁의 도탄에서 구해야 할 것이라고 주장했습니다.

그리고 해방 이후 남로당의 비합법 폭력 투쟁의 결과로 많은 남로당원들이 희생되었고 당이 민중의 지지를 상실했으며 그러한 당의 잘못된 지도 노선이 오늘의 전쟁을 가져왔다고 말했습니다. 민족을 아끼고 사랑하는 당만을 민중은 지지할 것이요 전쟁을 계속하는 당은 민중의 지지를 상실할 것이라고도 설명했어요. 전쟁은 미친놈의 지랄이며 그 바람에 동족들은 지금 이 시간에도 피를 흘리고 있다고 말했습니다. 이승엽은 민족 독립 운동의 대선배인 최 선생의 호소를 한동안 말없이 듣고 있다가 고개를 끄덕이더니 김일성과 상의하겠다고 약속했어요.

그 후 한지성 서울시 인민위원회 부위원장을 비롯하여 상무상(尙戊祥)16 · 이명룡(李命龍) · 박태호 · 장성수 · 신광범 · 이상운 등 예전부터 친분이 있는 인민위원회 간부들도 만나 기회 있는 대로 설득했지요. 누구도 종전을 반대하지 않았습니다. 그러나 그들은 나보고 조심하라고 충고하면서 자리를 마련해 줄 테니 종전 운동을 그만두고 복당(復黨)이나 하여 같이 있자고 권유하기도 해요. 나는 한 마디로 거절했습니다. 나는 동족이 매일 수천 명씩 죽는데 어찌 반전주의자가 안 될 수 있느냐고요.

2월 중순 이승엽이로부터 다시 연락이 왔습니다. 갔더니 정전하기로 결심했다고 해요. 최 선생과 나는 반가와 이승엽이의 손을 붙잡고 눈물을 흘렸습니다. 이승엽은 최 선생과 나를 향하여,

"그러나 전쟁은 혼자서 그만두지는 못하는 것 아닙니까? 종전과 그 후의 문제를 협의하기 위해 이승만 대통령이나 유엔군의 대표를 보내오든지 전권 대표를 보내 주시오."
해요.

무조건 싸움은 말려야 한다고 생각했을 뿐 종전의 방법이나 조건, 그 후의 문제 등을 생각해 본 일이 없는 나는 고민에 빠졌습니다. 단순한 평화 호소자가 평화 알선자로 바뀌어야 하는 판이었지요. 최 선생은 민족 독립 운동가인 이승만 대통령은 민족을 아끼고 사랑하는 마음 누구 못지않을 것이니 가서 말하

---

16 상무상(尙戊祥 : 1908~ ?) : 경북 달성 출신. 일제 시대에는 신우동맹(新友同盟) 회원으로 좌익 활동을 했고, 해방 정국에서는 전농(全國農民組合總聯盟) 결성 대회에 대구 대표로 활동했다.

면 찬성할 것이라고 생각하시더군요. 우리는 이 대통령을 만나러 정부가 있는 부산으로 내려가기로 했습니다.

### 종전론(終戰論)을 위험시한 이 대통령

3월 하순 부산으로 내려갔습니다. 나는 자유스럽지 못한 몸이라 대전에 사는 같은 독립 운동가인 박영덕(朴永德) 선생 집에 있기로 하고 최 선생과 박 선생이 내려갔어요. 그러나 종전 호소는 수월치 않았습니다. 이 대통령이나 국회나 모두 공산당의 항복 없는 종전은 새로운 침략을 마련할 뿐이고 지쳐 빠진 공산군은 정전하여 재정비할 시간을 벌자는 심산이니 종전론은 이적이라며 위험시해요. 나는 군인은 전투에 용감해야겠지만 정치가는 군인들이 그런 극한 상황에 봉착하지 않도록 정치하는 것이 잘 하는 정치하는 것이 잘 하는 정치라 생각되어 섭섭했습니다.

기분이야 압록강까지만이 아니라 간도(間島)까지 북진했으면 하지만 기분만 가지고 되겠습니까. 그러나 유엔에서 서로 휴전을 모색하고 있다는 말이 들렸어요. 영국이나 미국·인도 등이 세계 3차 대전을 걱정한 거지요. 6월 24일 소련의 유엔 대표 말리크(J. Malik)[17]가 휴전을 제의해서 개성에서 휴전 회담이 열

---

17 말리크(Yakov A. Malik : 1905~?) : 우크라이나 출신의 소련 외교관. 하리코프(Kharkov)대학을 졸업하고 주일대사(1942~1945)로 근무하였으며 중 제2차 세계 대전이 종전된 후에는 대일이사회에 잠시 근무하다가

렸다는 소식을 들었어요, 참 잘 되었다고 생각되면서 이제 짐을 푼 느낌이었습니다.

그러는데 6월 말 최 선생이 오셔서,

"일은 잘 되었어, 서울로 가자."

해요. 미국 사람들이 우리를 찾는다고 해요. 부산에서 우리 정부와 미국 측을 향해 휴전을 호소했는데, 하지(John R. Hodge)의 보좌관을 했던 이용겸(李容謙) 씨가 미국 대사와 협의, 서울에서 대사의 대리되는 사람과 만나기로 했다고 해요. 서울로 가서 미국 사람들을 만났습니다. 그들은 말리크가 휴전을 제의하기 이전에 우리들이 먼저 이승엽과 양해가 되었었다는 것은 흥미 있는 일이라면서 우리 보고 평양에 가 휴전 의사에 변함이 없는가 확인해 보고 서로 휴전을 위해 노력하자고 말하고 왔으면 좋겠다는 것입니다.

나는 이제 휴전 회담이 진행 중이라 우리가 할 일은 다 했고 또 아무리 미국의 힘이 세고 전쟁 지휘권(작전 지휘권)을 미국이 가지고 있다 해도 내 나라 내 민족의 일을 우리 대통령을 통하지 않고 한다는 것이 못마땅해서 그만두자는 의견을 말했어요. 그랬더니 휴전 회담이 열리기는 했지만 그때 다시 중단되었다는 거에요. 당시 회담 중 개성을 공산군이 침범했느니 안 했느니 하는 문제로 휴전 회담이 순조롭지 못했어요. 그래서

---

외무차관(1946)을 거쳐 UN 대표부 대표로 재임 중에 한국전쟁의 휴전을 제안했다. 그 후 영국 대사(1953), 소·일교섭 전권대사(1955), 외무차관(1960), UN 대표(1968) 등으로 활약했다.

북쪽의 의사가 의심스럽다고 해요.

## 공산군 수사 기관서 조사

이용겸의 모습

나는 정식 대표도 아니고 또 총알이 나는 전선을 오가는 일이라 걱정도 되었고 우리 정부와 협의된 것도 아니고 해서 마음이 내키지 않았지만 이왕 시작한 종전 운동이니 민족에 대한 책임과 의무를 안 느낄 수 없어 평양을 다녀오기로 결심했습니다. 1951년 7월 28일 비가 억수같이 쏟아지던 날 이용겸 씨와 같이 미군 고급 장교가 운전하는 지프차를 타고 북 쪽을 향해 달렸습니다. 도중 미군 부대에 이르니 한 미군 대령이 우리를 안내해요. 그 앞서 가는 차를 따라 임진강에 도착했어요. 강을 사이에 두고 유엔군과 공산군이 포진하여 총질을 하고 있었습니다.

나는 눈물이 홍건히 괸 이 씨와 굳은 악수를 하고 전선을 넘었습니다. 농부들이 열심히 김을 매고 있었고 수많은 남녀 상인들이 왕래하고 있었습니다. 놀라운 일이었습니다. 군인들은 이들을 피해 총질을 하고 있었어요. 나는 그 상인들 틈에 끼어 경계선을 넘었어요. 약 20분 걸어 올라가니 중공군 보초가 조사를 했습니다. 무기를 가졌느냐 정도의 간단한 조사였지요. 총알 튀는 소리는 여전했습니다.

개성 어귀에 막 들어서려는데 평복 입은 사람이 나만 골라내어 무슨 일로 어디까지 가느냐고 물어요. 나는 개성시 당부까지 가는데 좀 안내해 달라고 했습니다. 그는 나를 그곳의 공산군 수사 기관으로 데리고 갔어요. 몇 개의 중성(中星)을 단 좌관급(佐官級) 장교들이 나를 조사했습니다. 나는 이승엽이와 약속이 있어 왔다고 말했습니다. 그들은 더 묻지 않고 산 밑에 있는 기와집으로 안내해 줘요. 옆이 휴전 회담 장소였습니다.

저녁을 먹은 후 신사복 차림의 중년 인사가 찾아 왔어요. 그가 이상조(李相朝)[18]라고 합디다. 공산 측의 휴전 회담 부대표자였지요. 그는 이승엽은 평양에 있고 무슨 급한 일이거든 자기에게 말해도 무방하다고 말해요. 나는 정중하게 이승엽과의 약속이 자기와 직접 만나서 일을 처리하기로 했으니 평양으로 연락을 해 보고 당신과 협의해도 무방하다는 회답이면 그대로 하겠으니 이승엽에게 연락해 달라고 부탁했습니다. 이상조도 그러하겠다고 양해했습니다. 사무적인 이야기는 이것으로 끝내고 이런저런 이야기를 했는데 이상조는 미국 측이 진짜 휴전을 할 용의가 있는지 없는지 모르겠다고도 했고 하나의 전략인지

---

18 이상조(李相朝 : 1913~ ) : 연안(延安) 독립동맹 중앙위원 · 義勇軍 副司令官(1942) · 인민군 최고사령부 정찰국장(1951) · 휴전 회담 북한 수석대표(1953) · 주소련 북한 대사(1955)를 역임하고, 북한 정권 전복 음모 사건으로 숙청됨(1956).

도 모르겠다고 말했어요.

3일 만에 연락이 왔습니다. 평양으로 갈 준비를 하라고 해요. 막 자동차를 타고 떠나려고 하는데 소성(小星)을 세 개 단 자가 내 이름을 물었습니다. 이름을 밝혔더니 사무실로 나를 데리고 갔습니다. 그 자의 얼굴에 찬바람이 돌았습니다.

### 평양에 데려가 계속 조사

나를 평양까지 데리고 가려던 공산군 장교는,
"당신은 남로당을 배반한 일이 있지 않느냐?"
고 물어요. 나는 배반까지는 아니고 남로당 노선을 비판하다가 이탈한 적은 있다고 대답했어요. 누가 모략을 했던 모양이고 이로 인해 줄곧 조사를 받았습니다.

그들은 사회 안전성 사람들인데 이승엽과의 약속도 거짓말로 일단 보고 이승엽을 왜 만나려 하는지 그 내용을 이야기하라 하더군요. 그러는 사이에 이상조가 당에서 빨리 보내라 한다 하여 결국 나는 평양으로 안내되었는데 평양에서도 계속 조사를 받았습니다. 문답식 조사가 아니고 대화식 조사였지요.

그러는 사이에 미국 사람들과 약속 기일인 「10일 내외」가 지나고 해서 걱정이 되었습니다. 내가 있었던 곳은 화리(花里)라는 마을이었습니다. 내가 있던 집 주인은 중년 부인이었는데 역시 사회안정성 사람 같았어요. 그들은 여군 소위를 급사로 쓰라고 데려오기도 했습니다. 또 그 동네에는 공산군에게 붙잡

힌 장교 급의 미군들이 많이 있었어요. 그들이 우리 나라 일로 인해 저렇게 고생하는 것이 마음에 걸리기도 했습니다.

평양은 연일 폭격을 당해 모두들 지쳐서 일그러진 얼굴들을 하고 있었습니다. 겉으로는 전 민중이 공산당을 열렬히 지지하는 것 같지만 자세히 들여다보면 그렇지를 않았어요.『소련공산당사(黨史)』란 책갈피 속에다 항상 십자가를 지니고 있는 사람도 보았습니다. 그런 것을 보면 북쪽에도 반공 세력이 많다는 것을 알 수 있었어요.

이북에 도착한 지 20일 만에 위장(僞裝)을 한 고급 승용차가 와서 어느 산기슭 위장된 집으로 나를 데리고 갔습니다. 들어가니 이승엽이 앉아 있었어요. 나는 그에게 그동안의 경과를 하나 빠짐없이 사실대로 이야기를 했어요. 그는 고생 많이 했다고 위로하면서도 이 대통령이나 미군 사령부의 신임장을 안 가져왔으니 이 어려운 길을 아무런 소용도 없이 왕래하게 되었고 따라서 아무런 진전도 기대할 수 없다고 말해요. 나는 미군 측이 공산군의 진심을 알고자 하니 미군 측에 공산군의 진심을 확인하여 전해 주는 것은 진전을 기대할 수 있는 일이라고 했지요.

「판문점서 기(旗)를 흔들라」

이승엽은 미군 측과 대한민국 정부를 맹렬히 비난하면서 '음흉한 음모만 일삼고 있다.'는 등 신사답지 못한 언동을 취했어요. 나는 그가 노동당의 제3비서로 사법상 등을 겸임하고 있는 실권자이기 때문에 나하고는 대등한 입장에서 토론할 수는 없고 해서 휴전 회담이 순조롭지 못한 것은 서로 상대를 불신하기 때문이라고 지적하고 내가 평양까지 오는 도중 부인네들이 교량 공사에 동원된 것을 보았고 농부들이 거두어들이지 못한 보리밭도 보았고 피로에 지친 군인들도 보았으며 그들이 모두 종전을 원하고 있다는 확신을 갖게 되었다는 등 조심스럽게 종전을 호소했어요. 나는 계속해서 조국과 이 민족을 전쟁의 도탄에서 구하려면 하루 속히 종전을 해야 할 것이라고 주장했습니다.

이승엽을 만나고 숙소에서 돌아왔으나 서울로 돌려보내주지 않아요. 며칠이 지나 차가 와서 그 차를 타고 평양 시내로 들어갔더니 큰 방공호로 들어갑디다. 전기 목욕탕·전화 등 시설이 잘되어 있는 대규모의 것이었어요. 안내를 따라 들어가니 이승엽이 앉아 있었습니다. 그는 나에게,

"종전은 전 민중의 의사요, 1·4후퇴 이후 서울서 만나 말한 것과 같이 종전을 하고 싶다는 의사는 지금도 변함이 없소. 남으로 가시면 서로가 종전을 위해 노력하자고 전해 주시오."
라고 말합디다.

그는 또

"가서 10일 이내로 판문교(板門橋) 근방에서 기를 흔들면 그것이 서로 합의된 것을 알고 다시 만나서 구체적인 의사를 교환하고 휴전 회담을 돕는 별도의 모임을 마련해서 지금 하고

있는 휴전 회담이 순조롭게 진행되도록 협력합시다."
고 이야기를 해요. 무척 반가웠습니다. 내가 이승엽을 만나고 있을 때 나를 안내했던 사람이 줄곧 옆에서 나와 이승엽의 말을 듣고 있었어요. 알고 보니 사회안정성의 한(韓) 부상이라고 합디다.

그는 나를 의심에 찬 눈초리로 응시하고 있다가 입을 열더니 나를 보낸 미국인이 미국 대사관 사람이 아니라 미국 정보 기관 사람이 아니냐고 물어요. 혹은 미국 정보 기관원들이 교묘하게 나를 속여 미국 대사관원처럼 행세해 나를 보낸 것이 아니냐고도 해요. 도저히 나의 평양 방문이 이해가 되지 않는다는 것입니다.

나는 미국대사관 사람이건 정보기관 사람이건 따질 필요가 없고 북쪽에서 휴전을 원한다면 그 뜻을 정확히 알고 싶어 하는 것뿐이니 휴전을 원한다면 그 뜻을 정확히 알고 알리면 그뿐이 아닌가, 또 그 밖의 다른 일 즉, 군사 정보 같은 것은 나는 여기 와서 알아 볼 수도 없었고 알지도 못하니 제공할 수도 없고 제공하지도 않을 테니 더 이상 의심할 필요가 없다고 말했습니다.

한 (부상)의 이야기를 듣고 개성에서부터 계속 사회안정성에서는 나를 미국 정보 기관에서 보낸 수사 대상 인물로 주목하여 조사했다는 것, 이승엽은 그러한 사회 안정성의 의견을 누르고 자기와 상의해서 한 일이니 끝을 맺어 보자는 것이 아닌가 하는 인상을 받았어요.

이승엽은 한이 계속 질문을 하자 마땅치 않은 표정을 지으면서 질문을 중단시킨 일도 있었습니다. 한은 최익환 선생과 이용겸 씨에 관해서도 물었습니다. 나는 성의 있게 사실을 설명해 주고 싸움을 하지 말자는 운동을 하는 사람들이 서로 믿지 못해서야 되겠느냐고 말했어요. 그도 이 말에는 웃어 버리고 말았습니다.

벌써 북쪽에 온 지도 40일이 가까웠어요. 그렇게 되니 남쪽에 내려가면 어떻게 되나 하는 걱정도 됩디다. 10여 일 내에 돌아오기로 한 약속 일자가 넘었거든요.

## 돌아오자 미군 CIC서 구속

며칠이 지나 북쪽에서 판문교 근방까지 나를 데려다 주었습니다. 전선을 넘어오는데 간첩 혐의를 받아 고생도 했지만 무사히 서울에 도착했어요. 이용겸 씨에게 자초지종을 자세히 전하면서 10일 내에 판문교에서 연락하기로 했다고 말했지요. 이 씨는 내가 그동안 하도 돌아오지 않기에 유탄에 죽었는지 걱정을 했으며 신변이 어떻게 되었는지도 몰라 미군 측과 상의, 부인을 한 분 북행(北行)시켰다고 하면서 미군 측에서 시일이 지나도 안 들어오니 의심을 한다고 해요. 곧 미국인들이 왔기에 자세히 설명했지만 역시 의심을 해요.

곧이어 나는 미군 수사 기관인 705 CIC에 구속되었습니다. 사실대로 말했지요. 몹시 불쾌하더구만요. 수사 결과 결국 내가 간첩은 아니라는 확신을 얻은 것 같았습니다. 미국인들은 이승엽과 약속한 10일을 넘긴 것을 애석해 하면서 다시 또 연결할 방법은 없겠느냐고 묻기도 해요. 나는 미국 사람을 더 믿고 일할 수는 없다고 말했습니다. 20일 만에 석방되었는데 그 동안 우리 특무대에서 파견된 김현학(金顯鶴) 중위의 도움을 많이 받았어요.

나는 그 후 청진동에서 셋방을 얻어 아내와 갖은 고생을 하면서 살고 있었는데 하루는 내 집으로 이용겸 씨가 미국인을 안내하고 와서 하는 말이 북으로 간 여인이 평양을 갔다 왔는데 평양에서 나와 이승엽 간에 한 말이 거짓이 아니라면 최 선생이 평양에 와서 협의를 했으면 한다고 공산군 쪽에서 말을 했다니 최 선생을 평양에 보내 휴전 회담 교섭을 했으면 좋겠다고 제의해 왔다는 거예요.

미국 사람들은 앞으로는 갔다 와도 의심하거나 하는 일은 절대로 없을 것이고 미군 수사 기관과도 협의를 했다고 말했습니다. 그리고는 나를 존경한다고까지 추켜세우더군요. 나는 최 선생과 만나 조심성 있게 상의했지요. 최 선생은 지금 휴전 회담이 서로를 불신하고 순조롭지 못하니 가야겠다고 나섰습니다.

1951년 12월 추운 어느 겨울날 연세가 60이 넘었던 노 독립 투사 최 선생은 내가 이전에 갔던 그 방법으로 평양으로 떠나셨고 가서는 또 북쪽에서 갖은 고생을 하다가 1953년 5월경 돌아 오셨습니다. 그 후 나는 임시 수도 부산에서 여러 선배 동료들을 붙잡고 종전을 호소하다가 문제가 되어 서세충(徐世忠)·

박노수(朴魯洙) · 이순희(李淳熙) · 오기수(吳麒洙)19 · 문일민(文一民)20 등 약 30여 명이 말썽이 되었습니다.

---

19 오기수(吳麒洙 : 1891~?) : 경북 의성 출신. 일제 치하에서 모스코바동방노력자공산대학을 졸업하고 귀향하여 독서회 적색 노조 등에서 활약했다. 해방 정국에서는 의성군인민위원회에서 활약했다.
20 문일민(文一民 : 1894~1968): 평남 강서 출신. 3·1운동에 참여한 후 만주로 망명하여 신흥무관학교에서 교육을 받은 후 국내에 잠입하여 일제 관청을 폭파하는 등 테러 활동에 종사하여 궐석 재판에서 무기 징역을 선고 받음. 다시 중국으로 망명하여 원난(雲南) 육군군관학교에서 군사 훈련을 받은 후 임시정부 의정원 의원(1925), 정의부 군사 훈련 주임(1926), 상해교민회장(1933)을 역임함. 건국훈장 독립장을 받음.

# 북파(北派) 수기

최 익 환(崔益煥)

최익환의 모습

# 북파(北派) 수기

## 1. 이중 간첩 적도(赤都) 주유기[1]

[편집자의 말]

　6·25의 화염이 삼천리를 메꾸었던 치열한 전쟁의 화중(禍中? 渦中)에서 소위 평화적인 정전을 위하여! 그리고 휴전 회담이 한창 고비에 이르렀을 무렵 단신 평양에 들어가서 체류하기 2개월, 이 밀행 뒤에 숨어 있는 희대의 행적. 그는 6·25 당시에 괴뢰들이 서울을 침점(侵占)하였을 당시 소위 서울시인민위원장이라는 이승엽(李承燁)과 회담하고 다시는 그와의 언약을 실천에 옮기기 위하여 일로 대구 등지를 돌아 다시 수복된 서울에 와서 미군 고급 장교들과 면접하였다. 그는 이승엽과 무슨 말을 하였으며, 언약한 그것은 또한 무

---

[1] 이 글은 崔益煥, 「이중 간첩 적도(赤都) 주유기」(상), 신문의 신문사(편), 『반공』(反共), 서울: 1958년 1월호(1권 1호), 20~27쪽을 전재한 것이다. 여기에서 '이중 간첩'이란 용어는 출판사에서 임의로 붙인 것이며, 최익환은 이중 간첩이 아니었기에 제목을 『수기』로 하였다. 이하 절의 명칭도 출판사 측에서 임의로 붙인 것이지만 원문에 충실하기 위해 그대로 전재했다. (← p. 20)은 원문의 페이지를 의미한다.

엇이었을까? 그는 어떻게 38선을 넘고 적도(赤都) 평양에 들어갔던 것이었으며, 평양 체재 2개월은 어떻게 지냈던 것일까?

## 전야(前夜)의 고뇌

 붉은 탱크가 금단의 성을 침노하였던 4283년(1950) 7월경으로 기억된다. 나는 그때 무서운 혼란 속에서 삶의 욕망을 움켜쥔 채 초라한 시골 노인으로 가장하고 다녔었다. 홑 고의적삼과 낡은 고무신에 밀짚모자를 눌러쓰고 인민군의 눈초리를 등에 느끼면서 당시 다옥동에 자리 잡은 성남호텔 방면으로 걸어가는데 뜻밖에도 빠고다공원 앞에서 전부터 면식 있던 정종식(鄭鍾植)과 마주쳤다. 그는 전부터 맹렬히 남북협상을 주장하던 민주한독당원으로서 그 후 월북하자 북한 대의원이 되고 의용군 지휘의 사명으로 남하한 인물이었으나 선배와 후배라는 옛 정은 우리의 감정을 참으로 미묘하게 만들어 주었다.(← p. 20)
 정(종식)은 나를 응시하다가,
 "그렇게도 협상을 반대하시더니 금일 이것이 무슨 꼴입니까?"
 이렇게 말을 걸기에 나는,

"무슨 일이라니 그러면 자네들이 나를 죽이겠다는 말인가?"
하고 반문하였다.

그러자 정은 정색을 하면서,

"그게 무슨 말씀, 선생을 죽이다니 그런 일이 있겠습니까? 그러나 나 혼자라면 괜찮지만 다른 청년들을 만나면 잠시라도 욕을 당하실테니 몸조심은 하셔야죠. 그런데 지금 계신 곳은 어디쯤입니까?"

이와 같이 위협과 회유가 섞인 듯한 질문을 하였다. 나는 성북동 미륵당 근처의 산골에 있노라고 대답하였더니,

"그런 산골에 계시면 안전하리라고 말하면서 자기는 현재 관수동 국일관에 합숙하고 있으나 방금 의용군 임무로 전라도에 가는 도중이어서 더 말씀할 여가가 없으니 후일 다시 만나자."
고 하고서는 작별할 기색이었다. 나는 떠나려는 그를 붙들고,

"그대들이 이번에 자신 있는 일을 한 셈이냐?"
고 물었더니 정의 대답은,

"미국이 참전할 줄은 천만뜻밖이라."
는 것이다.

그래서 나는,

"그렇겠다. 조급하기 때문에 잘못 판단을 하였지 민족 문제를 스스로 해결할 마음만 있다면 미국의 참전 여부가 무슨 상관이리오?"

이렇게 대답하고 그와 작별을 고하였다.

정과 헤어져 돌아오면서 나의 마음속에는 언제라도 그들 수

뇌자를 만나보고 마음속의 생각을 펼쳐볼 기회를 얻어야 하리라고 결심이 생겨났고 그 후 적당한 기회를 포착하기에 온 신경을 기울였다.

그러나 9·28이 지난 불과 수개월인 동년 12월에 다시 후퇴설이 유포되어 나의 심중에는 고민이 싹터났다. 나는 생각하기를 전략적 후퇴로 공산군 수만 명을 죽일 수 있다 할지라도 후퇴로 말미암은 경제(← p. 21)적·정치적 손실이 막대함을 어찌할 것인가? 그래서 후퇴를 절대 방지하여야 하겠다고 결심 끝에 후퇴 방지 운동을 개시하여 『대동신문』(당시 『대한신문』) 사장 이종형(李鍾滎)을 방문하고 나의 뜻을 역설하면서 당시 내무장관 조병옥(趙炳玉)2 씨를 권유하였더니 그네들도 모든 정치적 알력을 초월하여 쾌쾌히 협조하였다.

나는 그들이 동조하여 줌에 마음이 고무되었고 이·조 양씨가 자기들 가족만은 후퇴시켰으나 자기 자신들은 후퇴하지 않는다고 확언하였으므로 나 역시 가족을 고향인 충남(홍성)으로 피난시키고서 홀로 자취 생활을 하게 되었다. 나는 이상 두 분의 확답은 얻었으나 그만한 정도로 안심할 수 없어서 다시 이

---

2 조병옥(趙炳玉 : 1894~1960) : 천안 출신. 호는 유석(維石). 평양 숭실중학교와 연희전문학교를 마친 후 미국 와이오밍대학과 컬럼비아대학에서 수학함. 귀국하여 연희전문학교 교수로 있으면서 수양동우회사건으로 옥고를 치르고, 해방과 더불어 군정청 경무부장으로 재직하면서 반공정책을 수행했다. 한국전쟁의 발발과 더불어 내무부장관에 취임했으나 그 후 이승만 대통령과의 불화로 헤어지고 민주당 대통령 후보로 유세 중에 발병하여 미국에 치료차 갔다가 병사함.

종형에게 부탁하여 이 대통령께 건백서를 올리고 후퇴의 백해무익함을 진술하였으며 전투의 통솔권이 유엔군 사령부에 장악되어 있지만 우리를 원조하러온 유엔군이니 당사자인 우리 정부가 자기 국가의 이익을 위하여 결사코 지킨다면 도와주리라고 의견을 올렸다.

그 후 이 대통령께서 원주와 춘천을 시찰하시고 절대 후퇴하지 않겠다는 담화 발표가 있어서 나는 몹시 기뻐하였더니 뜻밖에도 후퇴 전일 오후 2시에 이종형이 급보를 알리되 오후 6시에 한강이 끊어지리니 3시까지 신문사로 모여 함께 강을 건너자는 것이었다. 그러나 시간이 촉박하여 그들과 섞이지 못하고 집으로 돌아오게 되었고 다음 날 동리 사람들과 종로에 나가자 유엔군 비행기가 삐라를 뿌리는데 이미 강을 건널 수 없다는 것이고 그때 벌써 인민군은 밀려들고 있었다.

내가 살던 성북동 260번지의 넓은 가옥은 인민군 수송 부대가 연락사무소로 징발하였고 혼자 자취하던 나는 행랑방에 몰려났으나 이러는 순간에도 실로 커다란 운명이 싹트게 되었으니 여기서 만나게 된 황(黃)이라는 인민군 장교의 줄현이 바로 그것이었다.

### 이승엽(李承燁)의 끄나풀

내가 해방 전 만주를 방랑할 때 허다한 젊은이를 알게 되었고 그중에는 이미 잊혀진 사람도 없지 않으나 여기서 만난 황이라는 장교는 멀리 만주 길림성(吉林省)에서 알게 된 사람임을 기억할 수 있다. 첫눈에도 그는 몹시 피곤한 듯 하였다. 내가 어디 몸이라도 불편하냐고 물으니 병도 병이지만 싸움에 지쳐서 죽을 지경이라는 것이고 그렇다면 뭣 때문에 고생스리 쫓아 다니느냐고 물으니 상부 명령인데 어떻게 하겠느냐면서 아무도 이게 좋아서 하는 놈은 없다는 것이다. 그래서 나는 최고지휘관 이승엽을 꼭 좀 만나게 하여달라고(← p. 22) 부탁하게 되었고 전쟁을 끝낼 수 있으리라 장담하였다. 그런데 그의 대답은 좀 시원치 못한 것이 자기로서는 직접 이승엽을 만날 수 없고 다만 다른 사람을 통하여야 되겠으니 며칠을 기다려 달라는 것이었다.

## 이승엽과의 회담

그날 내가 서울시 인민위원회 사무소로 이승엽을 방문한 것은 4284(1951)년 2월 상순경이었다. 그 당시 이승엽은 서울시 인민위원회 위원장의 자리에 앉아 있었고 혜화동에 있던 동국대학 옛 교사가 바로 인민위원회 사무소로 사용되고 있었다. 그를 이처럼 쉽게 만나게 된 것도 미묘한 곡절이 있었으니 박진목(朴進穆)이라는 청년을 성북동 길가에서 상봉한 것이 그 실마리였다. 박은 이미 황천객이 된 옛 친구 박시목(朴時穆)의 동생으로 내가 자취한다는 소문을 어디서 알고 자기 곁에 와서 함께 생활하자고 졸라대는 터라 그 후 자연히 그 집에서 살게 되었던 것이다.

그 후 황을 다시 만나게 되어 언제라도 이승엽과 만날 기회가 생기면 박의 주소로 통지하라고 부탁한 것이 연락이 되었던지 이승엽으로부터 초청이 오게 된 것이다. 나는 밤길을 걷기가 어려운 터이라 박진목의 보호를 받았다. 막상 이승엽을 만나게 될 장면을 상상하니 앞으로의 운명을 도저히 예측할 수 없는 세계인 것 같고 발길을 걷는 나의 발걸음은 허공에 뜬 것 같았다. 그러나 기어이 그를 만나는 순간이 닥쳐왔을 때 이승엽은 반가이 나를 맞이하여 주는 것이었다. 나는 먼저 서로 인사를 교환하고 잠시 환담을 계속하다가 단도직입적으로 말의 줄거리를 꺼내었다.

"승산 없는 전쟁을 일으켜 왔다 갔다 백성을 괴롭히는 일이 좋은 일이오?"

나는 이렇게 찔러 보았더니 그는,

"왜 우리가 전쟁을 일으켰소? 남한군이 우리 북한 땅을 5마일이나 침입하므로 북한에서도 부득이 방어전을 한 것이지요."

라고 응수하여 왔다.

나는 또 한수 앞질러서,

"전선에서 일진일퇴하는 것은 매양 있는 일인데 5마일 침입했다고 해서 본격적 전쟁을 유발한다는 것은 전쟁주의자의 구실이지 어디 그런 말이 있소? 더구나 6·25 당시 남한에는 군경 합하여 8만 명의 무장 군인밖에 없었는데 당신들은 20만이라는 대군이 있지 않았소? 게다가 탱크와 비행기를 갖추고 당신들이 의정부까지 왔을 때만 해도 유엔한국위원단이 전쟁을 중단하라고 호소하여 정치적 해(← p. 23)결을 기대하였는데 어째서 낙동강까지 몰려 왔소? 그런데 당신들이 주장하는 것이 무슨 평화를 부르짖는 자들이란 말이오?"
하고 나는 되물었다.

이 물음에 대하여 이승엽은 지난 일은 말하지 말고 앞으로 평화로운 해결책을 강구하자고 하였다. 나는 이승엽에 대해서 내가 의도한 바와 같은 어떤 희망적인 언질이 나오기를 기다렸고 그런 언질만 주면 내가 의도한 바를 말하려고 기회를 엿보고 있었다.

그래서 나는 다시,
"그렇다면 어째서 당장이라도 평화 제안을 하지 않느냐?"
고 반문하였다.

나의 말을 듣자 그는 한숨을 내쉬면서,
"평화 제안은 좋으나 우리가 그것을 내세울 기회는 이미 지나가 버렸소. 낙동강까지 밀고 갔을 때 그런다면 문제가 아닐 텐데 이제는 우리가 쫓기는 형편이니 지금 평화를 말한다면 필시 남한 군이나 미군은 우리가 못 죽어서 휴전을 제안한다고 오해하여 오히려 맹추격을 퍼부을 것이오. 그러니 수고스럽지만 최 동무가 남한 정부에 잘 말씀하여 비슷한 말만 있어도 우리에게 알려준다면 즉응하겠소."

그는 이처럼 간청하는 것이었다.

나는 남한의 실정으로서는 북한의 침입으로 원한이 대단할

뿐더러 지금 겨우 힘을 회복하여 전면적으로 공격 태세에 있으니 여기서 먼저 평화를 제안한다는 것은 불가능하다고 설명하였다. 나의 이 말을 듣고 있던 이승엽은 몹시 초조한 얼굴로 난처한 표정을 지으면서 하룻밤 더 생각하여 내일 아침 다시 만나자고 제안하였다. 나는 그의 말을 승낙하고 우리는 긴장과 회의 속에서 내일을 꿈꾸며 헤어졌다.

하룻밤을 지내고 다음 날 아침(← p. 24) 9시가 되자 나는 또다시 인민위원회를 찾아 갔다. 내가 들어서자 피로한 이승엽이 자리를 권하면서,

"최 동무, 휴전은 꼭 되어야 하겠는데 피차 체면 문제로 날짜를 끌고 있으니 이처럼 개탄할 노릇이 있겠느냐?"
고 탄식하였다.

이 말을 듣고 나도 순간적인 감동을 받았다. 마음속으로 '이만큼 일이 진행되었으니 이제 아무 결과도 없이 일어서서는 안 되리라'라고 뇌까리면서 답하여,

"6·25의 1주년이 얼마 남지 않았는데 그때는 우리끼리 해결이 못 되더라도 국제적으로 무슨 말이 있을 줄 믿소. 그때에는 순응하시오. 또 딴소리하면 큰일이오."

그랬더니 그는 매우 기뻐하면서,

"최 동무, 그 생각 참 좋은 의견이오. 혹시 남조선에서 그런 소식을 알게 되거든 개풍(開豊)인민위원회로 연락하여 주시오. 잘 되도록 순응하겠소."

그리고는 2~3일 안으로 서울로부터 모두 철수하게 된다고

알려주는 것이었다. 이리하여 우리의 회담은 막을 내렸다. 공산군의 전선지휘 최고권위자인 이승엽과의 회담을 이와 같이 끝내고 일어선 나는 한시 바빠 사실을 유엔군에게 알려야 될 단계에 돌입하였다.

## 유엔한국위원단을 찾다

4284(1951)년 3월 중순경 나는 서울을 떠나게 되었다. 유엔한국위원단에 대하여 이승엽과의 회담 내용을 알리고 공산 측 정보를 제공함으로써 휴전 협상의 합리적 처리를 촉구하려는 목적에서였다. 서울을 출발하자 나는 남한산성을 돌아서 수원과 평택을 경유하여 우선 충남 홍성에 도착하였다. 이곳은 나의 고향이며 가족들이 피난 와 있었는데 서울을 떠날 때는 박진목도 함께 갔으나 그는 대전에서 머물게 되었다. 거기에는 옛날 상해임시정부 추진에 힘쓰던 박영덕(朴永德) 씨가 살고 있었으므로 뒷일을 부탁하고 혼자서 고향을 찾게 된 것이다.

고향에서 가족을 만나고 몇 주일을 체류하고 있자니 서울로부터는 후퇴에 미리 겁을 먹은 피난민이 쏟아져 왔다. 나는 사태가 심상치 않음을 짐작하고 즉시 부산으로 떠나야 하겠는데 먼저 자금이 필요하였다. 한숨에 대전으로 달려가 박영덕을 만나서 의논하였더니 다행히도 40만 원이 가용으로 남아 있어서 그걸 가지고 그 길로 부산을 향하게 되었다.

우리가 목적지에 도착한 것은 5월 10일경이었는데 때마침 유엔한국위원단에 있던 이묘묵(李卯黙)3(← p. 25) 씨가 런던 대사로 가게 되어서 통역할 인물을 구할 수 없게 되었다. 여러 방면으로 사람을 구하였으나 믿을 수 있는 사람은 드물고 이래저래 시일만 경과되니 답답하여 견딜 수 없었다. 나는 날마다 알맞은 인물을 찾아내려고 동서를 분망하던 차 어느 날 참으로 또 하나의 우연히 발생하였으니 이것으로 미군 정보기관과 접선될 수 있었던 것이다.

## 극동사령부 정보 장교와 함께

4284(1951)년 5월의 어느 날이었다. 나는 길가에서 김홍서(金弘叙)4 씨를 만나게 되었으니 그는 상해 임시정부 발전에 많은 힘을 바친 사람이라 솔직히 나의 형편을 고백하였다. 나의 말이 끝나자 그는 마침 적당한 사람이 있다 하면서 이용겸(李容謙) 씨를 소개하였다. 막상 만나고 보니 이 씨는 서울의 을유회(乙酉會)라는 모임에서 서세충(徐世忠) 씨의 소개로 만난 일이 있는 사람이라 더 한층 반가웠고 그는 당시 미극동사령부

---

3 이묘묵(李卯黙 : 1902~1957) : 평남 중화 출신. 일제 치하에서 미국에 유학, 보스턴대학에서 철학박사 학위를 받고 귀국하여 연희전문학교 교수로 봉직. 해방 정국에서는 하지 장군의 정치 고문으로 막강한 실력을 행사했으며 정부 수립 이후에는 영국 대사로 활약하다가 순직함.
4 김홍서(金弘叙 : 1886~1959) : 평안도 강서 출신. 105인 사건으로 옥고를 치른 후 상해로 망명하여 임시정부 의정원에서 활동하면서 한국노병회를 조직하여 항일 투쟁을 전개함. 건국훈장 독립장 수여.

정치장교단 정보 기관의 대구 연락처 장교들과 통하고 있는 사이였다.

그런데 나의 구체적 설명을 듣기 원하면서도 이 씨는 자기가 관련하는 기관이 특수 정보 기관이니 말하기가 어렵지 않느냐?고 암시하였다. 나는 오히려 큰 정보 기관일수록 더 유리함을 말하고 당신도 정보로 취급하여 알려만 주면 좋을 게 아니냐고 설명하였다. 더구나 나는 미군에게 중요한 정보를 제공하려는 것이라고 협력을 부탁하니 그제야 이 씨도 쾌히 승낙하여 대구를 향하게 되었고 그가 미군 장교에게 통지하였던지 그 다음 날 다시 그가 돌아와서 나를 미군이 만나자고 하니 함께 떠나기를 재촉하였다.

이렇게 되어 나는 대구에 당도하게 되었고 이 씨는 나를 미군 대위 한 사람과 면회시켜 주는 것이었다. 미군 장교는 나의 설명을 듣고 나서 나에게 요청하기를 서울로 상경하여 자기들의 상부 기관과 협의하여 보라는 것이었다. 나는 그 자리에서 이 말에 동의하고 서울을 향하여 출발하였는데 수원에서 내려 점심을 먹자니 소련 대표 말리크(J. Malik)가 38선에서 휴전하자고 제안하였음이 신문에 실려 있는 것을 읽었다.

일이 이렇게 되었다면 최초의 나의 계획은 수포로 돌아가는지라 상경을 중지코자 하였더니 동행자들이 계속 상경을 재촉하므로 서울에 도착하는 몸이 되었다. 나는 서울역에 발을 디디자 곧 활동을 개시하여 지금 화신백화점 근처의 옛 사회관(社會館) 2층으로 올라가서 이 씨의 통역으로 미군 고급 장교들

과 회합하였다.(← p. 26)

## 대북 선견(先遣) 밀사를 인선함

미군 장교들은 전후 설명을 듣고 군사에 관한 것은 자기들이 처리하겠고 정치 관계는 그 방면 전문가들에게 통지하여야 할 것인데 서울에 없는 미국 대사 대신 자기와 친분이 두터운 총영사가 대구에 있으니 그곳에 연락하겠다고 하기에 나는 두말 없이 승낙하였다. 이렇게 되어 미군 장교는 즉시로 대구에 전화를 걸었고 상대방의 답변은 참 흥미 있는 일이니 한번 만나자는 것이었다. 그리고 내일 상오 10시에 이곳에 오겠다는 것이어서 약속한 시간에 약속한 장소로 가게 되었다. 그는 다음 날 약속 시간 정각에 비행기로 날아왔고 이용겸 통역을 통하여 주고받은 이야기는 3시간에 걸쳤다.

그때 총영사는 내가 이승엽에게 말한 6·25 1주년 기념 때는 국제적으로 제삼자라도 평화에 관한 무슨 말이 있을 것이니 그때나 순응하라고 한 말을 더욱 흥미 있게 들으면서 이러한 사실을 미 국무성에 보고할 터인데 보고하면 금후 일주일 정도로 국무성에서 무슨 하회가 있을 것이니 그때 자기가 또 오든지 누구를 보내든지 할 터이니 기다려 달라고 말하였다.

그 후 일주일이 지나 열이틀 만에 한 미군 장교가 찾아와서 하는 말이,

"공산당은 어제 한 말을 오늘 변하고 오늘 한 말을 내일 변

경하는 자들이니 최 씨가 이와 만나 말한 지가 벌써 수삭이 되니 그동안 그들 생각이 어찌 되었는지 알 수가 없다. 그러니 최 씨가 개풍인민위원회에 가서 이(승엽)를 만나 약속한 말에 변동이 없는가 확인하여 보고 그것에 따라 대책을 세우겠다. 총영사도 같은 의견 같다."
고 하면서 내가 북한에 갔다 오기를 원하였다. 그러나 나는 이 한마디에 불쾌한 감정이 솟아올랐다. 그것은 생명을 걸고 이를 설복하여 확고부동한 평화 의식과 방침을 결정한 것을 확인하고 그것을 알려주는 귀중한 선물이거늘 어찌 북한에 다시 가서 확인하라는 것이며 대사를 의논할 상대가 못 된다는 것이었다. 그러나 나는 이러한 감정을 억눌렀다. 그리고는 말하였다.
"이것도 큰 교섭인데 어느 교섭이나 처음부터 순조롭지 못하는 것이 보통이다. 만약 말이 통하지 않으면 다른 유력한 사람이 나서서 타개해 주어야 할 것이니 처음부터 내가 나가 교섭하다가 막히면 누가 나설 것이요? 당신들이 가서 교섭하다가 막히면 그때 내가 나서서 타개하겠으니 당신들이 먼저 가시오. 나의 편지를 가지고 가면 대환영을 받소."
라고 하였다. 미군 장교는 이 말을 유리하게 들었으나 자기들은 못갈 입장이니 누구든 다른 사람 하나를 보내자는 것이었고 그 사람을 물색하여 달라고 재삼 부탁하는 것이었다.(← p. 27)

## 2. 「공폭하(空爆下) 평양 주유기」(하)[5]

### 박진목의 입북(入北)

내가 전일 이승엽과 회담할 때 박진목 군이 동반한 관계로 그가 모든 것을 잘 알고 있는 터이므로 다른 사람보다는 박이 좋겠다고 생각하고 박 보고 의논하였더니 즉석에서 거절하면서 무사 왕복하더라도 갔다 온 후의 신분 보장이 염려된다고 하므로 나는 그 뜻을 미군 장교에게 의논하였더니 그 후 신분 보장은 자기들이 책임지겠다 하면서 박을 소개해 달라고 하기에 소개하여 주었다. 나는 미군 장교에게 박의 개풍 왕래 기간을 일주일로 말하여 주고 미군 찝차로 4284(1951)년 7월 20일경 판문점(板門店) 경유로 입북시켰다. 그 후 1개월 만에 돌아와서 보고하기를 개풍 가서 이승엽을 만나지 못하고 평양까지 갔더니 마침 출장 중이라 그가 돌아옴을 기다리다가 날짜를 허비하였는데 그 후 이승엽이 돌아온 후 세 번 만났다고 한다.

이승엽은 자기 측에도 평화론 반대자가 없는바 아니지만 그 세력이 약하다고 하여 평화 방침이 확립되어 있으니 이런 사실을 남한에 전달하여 줄 것은 물론 자기 비서 한 사람과 개성까지 가서 박 군이 개성 출발 후 일주일 이내에 남한 정부 대표나

---

5 이 글은 崔益煥, 「공폭하(空爆下) 평양 주유기」(하), 신문의 신문사(편), 『반공』(反共), 서울: 1958년 2월호(1권 2호), pp. 14~17을 전재한 것이다.

미군 대표가 개성으로 오면 자기 비서가 연락하여 후방에서 정치적으로 해결을 얻으면 판문점 정전 회담도 일거에 낙착될 것이라고 하면서 잘 하라고 말하더라고 했다.

그때 미군 책임 장교(DALD : Department of Army Liaison Detachment의 책임자)가 도쿄(東京)에 가 있어서 전화로 연락하였더니 곧 갈 터이니 기다리라고 해서 기다리던 중 705 CIC에 공산당 혐의로 최·박·이용겸 등이 체포되었다가 DALD 관계인 것을 알고 석방되었고 남한 측 입북 문제는 일자가 지나 무효로 되었다. 박진목이 입북한 후 일삭이 되어도 돌아오지 않아 미군 장교가 초조하게 기다리다가 박의 생사도 알 겸 또 누구 하나 보내달라고 하여 천거하여 보낸 것이 김혜숙(金惠淑)이었다. 김혜숙은 평양까지 가서 이승엽 대리를 만나보고 이승엽에게서 여러 사람이 오고 가고 해도 일이 해결되지 않으니 그러지 말고 9월 5일까지 내가 개성까지 왔으면 좋겠다는 전달을 듣고 왔다고 회보하여 주었다.

## 입북한 동기와 경위

미군 측에서 김혜숙의 보고를 듣고,
"이승엽이가 9월 15일 전으로 최 선생이 개성까지 와달라는 전달이 있으니 가보는 것이 좋지 않겠느냐?"
라고 하기에 나는 가볼 필요 없다고 하면서,
"9월 5일을 기한으로 작정하고 그 안으로 내가 가기로 조건

부로 청하였는데 그 기일이 지난 지 거의 한 달이나 되는데 지금 가서 무얼 하겠소?"
하고 반대하였으나,

"기일이 지나서 무효라 할지라도 무슨 의논을 하려던 것만 알고 와도 우리가 일하는 데 도움이 되니 꼭 가보고 와 달라."
고 누누이 간청하므로 나도 종말에는 청을 거절치 못하였다. 미군은 나를 찝차로 강화(江華)를 경유하여 배로 강화 뒷강을 도강시켜 입북시켜 주었다. 여러 곳의 심사를 받아가면서 개성에는 11월 7일에 도착하였다. 지정한 장소로 찾아갔더니 그들은 평양으로 전보 쳐서 그 답장을 받아보고 다음 날 하오 5~6시 경에 나를 찝차에 태워 개성을 출발하여 11월 9일 새벽에 평양에 도착하였다.

평양에 도착하여 보니 이승엽은 출장 중이어서 부재이고 비서가 나왔는데 그가 말하기를 이승엽에게 연락하였으니 일간 올 것이고 그동안 피로를 풀면서 기다리라고 하면서 평양 북편 20리 되는 산골 수목에 싸인 초가집에 거처를 정해주고 접대 절차와 대우는 손님 대접하는 절차로 하는 것같이 보였다.

그 집에 들어갈 때 소위 나를 시위(侍衛)한다는 청년 하나가 같이 있으면서 잠시도 곁을 떠나지 않고 내가 동네 밖 멀리 나가지 못하게 주의하면서 그 구실은 반동분자가 많이 있어서 혹 나에게 위험이 있을지 모르니 조심하라고 하는데 사실은 그자가 나를 시위하는 것이 아니라 감시하는 것임을 알았다. 나는 평양 시가를 남북으로 종단하여 이 집까지 왔으므로 평양 시가의 모습은 대체로 보았으나 그때가 밤이었으므로 야밤중의 시야가 명확하지 않았다.

하루가 지난 후 내가 있는 집의 뒷산에 높이 솟은 산봉우리에 올라가 보았다. 한번 시작한 후로 조석으로 올라가서 혹 종일토록 놀고 오는 때도 있었다. (시위하는 청년은 물론 동반하고) 오전 9시 반 내지 10시만 되면 평양 주변 3방면의 대로로부터 평양(← p. 14)으로 모여 드는 장사군들이 백의인의 행렬같이 계속하였으며 그 현상은 평양시의 상업이 번성하여서가 아니라 부근 촌락 사람들의 생활필수품이 결핍되어 매일매일 평양에 와서 물물교환 혹은 소량 매매하여 그날그날의 수요를 해결하는 까닭이었다.

난시를 기회로 하여 그들 생활필수품 수요자들을 이용하는 보부상들은 당일 판매 가능한 예상 수량을 보따리에 싸가지고 와서 매일 소정 장소에 펴놓고 있다가 유엔군 비행기 오는 각도가 평양 상공으로 오는 눈치이면 싸 짊어지고 피해 나왔다가 비행기가 지나가면 다시 들어와서 또 펴놓았다. 이런 일은 하루에도 몇 번씩 반복하는 것이다. 평양 시가에는 주택에 해당한 가옥은 얼마 보이지 않고 전일 주택 지대에는 지상 건물이 아닌 흑암색 구릉(높은 밭 둔덕 같은 것)으로 변하여 졌으며 그 구릉 속은 전부 사람이 살고 있는 지하실로 충만되었다(이것은 그 청년이 자기네들의 지하실 만드는 재주를 자랑하기 위한 그의 진술에서 파악한 것임).

나는 동거하는 그 시위 책임의 청년 성명을 수차례 물어도 그는 자기의 성명을 말하지 않으므로 나는 어느 날 회유하되 사람은 초면 인사에 자기 성명을 말하는 것이 예절인데 그대는 자기 성명을 종시 말하지 않으니 손님에게 대하여 실례라고 한 즉 그자는 미안한 태도로 자기들은 관계 기관의 암호 연락으로 서로 아는 사람 이외에는 초면인 사람에게 자기 성명을 밝히지 않는 법이라고 하므로 그네들의 규칙을 알게 된 나로서는 다시 누구에게나 성명을 묻지 않았다.

그 집에 거처를 정한 후 자칭 이승엽의 비서라는 최 모가 4~5일에 한번 씩 와 동거하는 청년에게 나에게 불편이 없도록 잘 보살펴 주라고 부탁하고 가는 것이 상투였다. 최 모 외에 몇 사람이 왔다갔다. 두 번째 온 사람이 며칠 후 와서 불편한 것이 없는가 물어보고 다른 말없이 자기는 상부 명령에 의하여 출장 가는데 이번 출장 가는 길에 이승엽도 찾아보고 함께 올는지 모르겠다고 하고 물러갔다. 그 후에 전번 왔던 사람이 출장 갔다 돌아와서 나보고 하는 말이 이승엽은 함경북도에 있는데 아마 쉬 돌아오지 못할 사정인바 이승엽도 그런 의미를 명백히 표시하면서 자기가 돌아오기 전에 우선 내가 자기들과 정전 문제만이라도 의논하여 보라고 말하더라는 것이다.

다음 날 와서 정전 문제에 대해서 이야기해 보자기에 나에게는 그것이 급한 문제인 고로 쾌락하고 그 문제로 들어갔다.

그는 하는 말이,

"우리들은 정전에 성의가 있으나 미국인들이 야심 음모를 가졌으므로 정전 문제에 곤란한 점이 많습니다."

라는 것이었다. 나는 이에 반박하여,

"그대들은 어떠한 점을 음모나 야심이라고 지적하나?"

하면서 따졌더니 그는 이에 대하여 대답도 못하고 돌아가 버렸다. 그 후 또 다른 사람이 와서 통일 방안에 관하여 이야기하자고 하기에 즉석에서 그 요청을 거부하였다. 나는 그에게 말하기를,

"내가 통일 방안에 무슨 말을 하든지 남한 대표 의사로 인정할 터인데 사실은 그렇지 않고 후일에 지장이 생길까 염려되므로 통일 방안에 관해서는 절대로 말할 수 없다."

하고 말하였더니 그는 매일 찾아와서 조르다가 3~4차 후에는 나의 사적 의견이라도 말하라 하였으나 나는 말하기를,

"내가 사견이 없는 것은 아니나(← p. 15) 그것은 나의 주관적이어서 객관적으로 타당할는지 여부도 알 수 없고 그것을 말하는 것은 나의 책임상 말할 수 없다."

고 했다. 그랬더니,

"당신 의견을 우리가 공식 담화로 듣지 않겠으니 잡담으로 말씀해 달라."

고 누차 조르기에 나는 그에게 대안을 제시하여 대답하되,

"나의 사견을 듣고자 할 것이 아니라 여러 사람의 공론을 들어 보는 것이 좋지 않겠느냐?"

고 했더니 그는 말하기를,

"공론을 들을 수 있으면 좋지만 그럴 방법이 있겠습니까?"

라고 반문했다. 나는,

"왜 그럴 방법이 없겠소. 그대들이 공론을 들을 성의가 확실히 있다면 남한에서 붙잡아온 민족주의 중요 인물들이 북한에 다수 있는데 그 사람들은 민족주의자로서 독특한 견해를 가지고 있고 또 북한 생활이 1년 이상 되었을 터이므로 북한 이념과 사정도 잘 알고 있을 것이니 그 사람들을 2백 명이나 1백명 쯤 한자리에 모아서 각자 의견을 자유 표시케 하여 다수의 공론으로 하여 보는 것이 좋겠습니다. 지금 내가 다수인은 알수 없으나 우선 남한에서 온 사람 중 정인보(鄭寅普)[6] · 백관수(白寬洙)[7] · 명제세(明濟世)[8] · 김규식(金奎植)[9] 등 4씨와 옛날부

---

6 정인보(鄭寅普 : 1892) : 서울 출신. 호는 위당(爲堂). 소년 시절에 이건방(李建芳)의 문하에서 배움. 망국과 더불어 상해로 망명하여 박은식(朴殷植) 등과 함께 동제사(東濟社)를 설립하여 교포의 문화 계몽을 위해 노력함. 아내의 죽음으로 귀국하여『동아일보』등에 역사물을 연재하는 한편 실학의 복원과 양명학(陽明學)의 해석에 주력함. 해방과 더불어 국학대학(國學大學)의 학장을 역임했으며, 제1공화국의 수립과 함께 감찰위원장을 역임하였고, 한국전쟁 당시에 북한으로 끌려감.

7 백관수(白寬洙 : 1889~?) : 전북 고창 출신. 호는 근촌(芹村). 경성법학전문학교를 졸업하고 일본 메이지(明治)대학 재학 중에 조선청년독립단을 조직하여 1919년의 2 · 8독립선언을 주도했다. 귀국한 후로는 신간회(新幹會)에서 활약했고,『조선일보』상무,『동아일보』사장을 역임하면서 독립 운동을 전개했다. 해방 후에는 한민당에 가입하여 민주의원 · 입법의원 · 제헌의원을 역임했고, 한국전쟁 당시에 북한으로 끌려감.

8 명제세(明濟世 : 1885~1956) : 평안도 영변 출신. 젊은 날에 블라디보스토크로 건너가 러시아어를 배우고 한 · 러국경 일대에서 민족 운동을 전개했으며, 신간회에서 활약했다. 해방과 더불어 건국준비위원회와 독립촉성국민회의 간부로 활약했고, 정부 수립과 더불어 심계원장을 역임함. 한국전쟁 당시에 북한으로 끌려감.

9 김규식(金奎植 : 1881~1950) : 동래 출신. 고아로 자라 언더우드(H. G.

터 북한에 있던 조만식(曺晩植)10 씨와 합하여 다섯 분을 모셔 또 적당한 분 전형 선출하여 협의회의를 열어 다수인의 공론을 들어봅시다."

이렇게 말하니 그는 국제적으로 반영시킬 수 있느냐고 묻기에 있다고 말했더니 상부에 보고하여 상부 의견을 듣고 와서 말하겠다고 하면서 돌아갔다.

## 월남(越南)을 요구

3일 후에 돌아와서 상부에서 적극 찬동하지만 조만식 선생은 해방 이후 오늘날까지 말썽 많은 분이니 지금 갑자기 이런 회의에 참가시킬 수 없으니 빼어달라고 하기에 나는 즉석에서 그

---

Underwood)의 도움으로 어린 시절을 보내다가 미국 르노크대학과 프린스턴대학에서 공부했다. 귀국하여 경신학교 학감, 연희전문학교 교수 등을 지냈으며 3·1운동 당시에는 신한청년당을 조직하여 해외 선전 업무를 수행하였다. 1921년 동방피압 반민족회의에 참가한 것을 계기로 잠시 좌익 노선을 밟다가 중도 우파로 전향하여 임정 국무위원을 지냈다. 해방과 더불어 귀국하여 민주의원 부의장, 입법의원 의장 등으로 활약하면서 좌우합작의 우익측 대표를 맡고, 1948년에는 평양에서 개최된 남북협상에 참여했다. 한국전쟁 당시에 북한으로 끌려감.

10 조만식(曺晩植 : 1882~?) : 평남 강서 출신. 평양 숭실학교와 일본 메이지(明治)대학 법학부를 졸업하고 기독교와 간디(M. Gandhi)의 무정부주의에 심취했다. 귀국하여 정주 오산학교의 교사로 부임하여 교장이 되었으며, 평양기독교청년회 총무(1921), 조선물산장려회 총무(1922), 조선일보 사장(1932)을 역임했다. 해방과 더불어 조선 민주당을 창당하여 당수가 되었으나 소련 군정에 비협조한 탓으로 구금되었고, 그 후 생사가 불분명하다.

요구 조건을 쾌락하고 그 일의 진행을 재촉하여 보냈다. 그는 3일 후 다시 와서 하는 말이 당신의 의견대로 적극 추진하기로 결정하였으나 상부의 독단적인 의견만으로 할 수 없는고로 각 기관 수뇌부에 회장을 돌려 그 찬부 의견을 들으려면 수주일의 시간이 필요하다고 하면서 돌아가 그 후로도 와서 추진 사정 내용을 들려주었으나 그해(단기 4285년 : 1952) 6월 말경에 와서 하는 말이,

"찬부양론의 의견을 수집한 결과 다대수의 의견이 통일 문제는 정전 후에 할 일이며 정전도 곧 될 것이니 정전 후에까지 연기하기로 결정되었다."
라고 말하였다.

나는 불쾌감을 가지게 되어 즉석에서 남한으로 돌아가겠다고 의사 표명을 하였더니 그는 깜짝 놀란 태도로 좀 있다가 통일 문제도 협의한 후 가는 것이 나 자신을 위해서도 필요한 것이라고 말했다. 나도 떠나려는 생각은 그동안 조급하였던 심리의 발작의 결과라고 생각하고 또 무슨 결과를 이뤄 놓고 가는 것이 옳다 하여 태도를 고쳐 출발 중지의 의사를 표명하였다. 그는 매일같이 와서 통일 방안에 관한 나의 사견을 듣기를 원하므로 나는 말하기를,

"나의 의견을 먼저 들으려고 할 게 아니라 먼저 그대들의 의견을 말하여 보시오. 내가 찬성하면 찬성하는 것이고 반대하면 반대하는 조건으로 알 수 있지 않소."
하였더니 그의 말이 양군 철퇴 후 자유 선거를 주장하였다. 나

는 하는 말이,

"그런 조건으로 해결될 수 있으면 3년 전에 되었지 오늘날 왜 전쟁까지 벌어졌겠소. 그런 일은 백만 년 가도 안 됩니다."
라고 말하였다.

그들이 취하는 태도로 보아 평양에 오래 머물러 있어도 별 효과를 거둘 것 같지 않았다. 나는 연말 전에 돌아올 마음이 불꽃같았으며 급속히 출발 귀환하겠다고 선언하였더니 그해 12월 20일경 소위 조국통일 사무국 부국장이라고 하는 김인수가 처음 내방하여 말하되,

"그동안 부하에게 신칙(申飭 : 단단히 타일러서 경계함)하였으나 부하들이 불민하여 자연 불편이 많았을 겁니다. 좀 더 계시다가 해빙 후 가십시오."
라고 하기에,

"이 혹한 중에 죽고 사는 것은 내 팔자 운명이며 당신들에게는 아무 관계없으니 내가 이곳에 와서 두 해가 되었는데 그동안 남한에서는 내가 여기서 죽었다고 소문이 났을 것이요. 이런 소문은 나에게나 당신들에게 불리하오. 신구년 환세가 하룻밤 일이지만 사람의 관념에 묵은 해 새해가 다르니 빨리 가서 금년 과세는 남한에서 하여야겠습니다."

나는 남한으로 돌아 올 것을 강경히 주장하였다. 김은 이상 말하지 않고 돌아가더니 다음 날 다시 와서 나의 귀환할 노자가 얼마나 소용되느냐고 물었다. 나는 즉석에서 노자는 많이 필요치 않으나 내가 남한에서 입북할 때 북한 화폐 13,500원을

가지고 왔는데 그중에서 단 일원도 쓰지 못하게 하고 당신들 기관에서 맡아두고 있으니 그것을 무슨 방법으로라도 교환하여 주면 노자는 충분할 것이라고 말하였더니

"그건 그렇게 하시오."

하고 승낙하였다.

그 다음 날 김은 나를 환송하는 의미에서 고급 요리를 준비시켜 가지고 와서 17일경에 출발하도록 준비시켰다고 말하면서 휴전 통일에 대한 의심은 절대로 하지 말아 달라고 하였다. 나는 김에게 청하기를,

"과거 두어 달 동안에 몸이 냉하여 설사가 계속되므로 인삼을 청구한 바 있는데 그것이 준비되었으(← p. 16)면 이번 나갈 때 가지고 가게 하여 주시오. 남한에 가서 몇 달 동안 병 치료를 하여야겠는데 당신이 아시는 바와 같이 남한에서는 인삼을 구득하기 곤란하므로 당신에게 미안한 수고를 청하는 바이오."

하였더니 그 즉석에서 쾌락하면서,

"만일 그동안 준비가 안 되었어도 지금부터 급속 준비하여 떠날 때 가지고 가게 하겠오. 열 근 가량이면 되겠읍니까?"

그 후 (12월) 27일 오전 9시경에 다시 찾아 와서 30여 세 되는 청년을 내게 소개하면서 이 사람이 개성을 경유하여 경계선까지 나를 데리고 갈 터인데 월경(越境)할 때까지 필요한 일을 그에게 부탁하면 된다는 것이다. 인삼은 조그만 류색에 넣은 채 교부하면서 인삼의 질은 그 호불호를 검사하지 못하였으나 보통 약용으로는 될 것이라고 하면서 13,500원을 시세로 환산

하여 본즉 4만 환이 좀 못되나 5만 환은 있어야 노자 부족의 곤란이 없을 것이므로 5만 환으로 채워 준다고 말하였다.

## 평양을 떠나다

(1952년 12월) 27일 오후 5시경 출발하여 밤을 새워 개성에 와서 도강 수속하기에 일주일 걸려 (1953년) 1월 6일에 도강하였다. 그때 개성에 와본즉 개성인민위원회에서 나의 월경 사무를 담당한 모양인데 그들은 도강하자면 배도 없고 곤란하며 판문점으로 돌아가면 육지 연속이므로 경계선까지 지프차로 갈 수 있어 편리하다고 판문점 방면으로 돌아가기를 주장하였으나 내 생각에는 판문점 방면에는 미군 부대니 국군 부대가 모두 초면이어서 월경이 곤란할 것이고 강화 방면에는 4284(1951)년 11월 초에 나를 월북시켜 주던 미군 부대와 한국군 부대가 있을 것이므로 그들과는 내가 구면이어서 월경이 편리할까 하여 강화로 도강할 것을 고집하였더니 개성인민위원회에서는 4~5일간 도강할 수 있는 선편 유무를 조사하여 5일 만에 강화를 내왕하는 선편이 있는 것을 발견하였다고 하며 강화로 도강하라고 승낙하였다.

그러나 강화로 내왕하는 선편은 강화의 군경 기관의 양해하에 개성과의 물자 교역으로 내왕하는 선편임을 알았다. 그래서 4286(1953)년 1월 5일 밤에 강화 주재 독립 대대의 제3중대 소속 목선으로 도강하였으나 도강하여보니 전일 나를 월북시켜 주던 미군 부대나 한인 부대는 모두 교대되어서 새로운 부대 사람이 모두 초면이므로 나는 그들의 의심을 받게 되어 비상한 고통을 받다가 사건이 연락 조사되어서 서울서 308 CIC 직원이 내려와서 나를 인수 영접함으로써 위기를 면하고 무사히 상경하게 되었다.

## 추기(追記)

4285년(1952) 3월 하순경에 내가 가 있던 제일차 처소의 부근에 폭탄 낙하 소동이 일어나서 나를 폭격 없는 안전 지대에 보내기 위하여 전번 처소의 동남방으로 약 십리 거리의 촌락에 있는 작은 초가집에 들어가니 그 집은 실내는 새로 도배한 지 불과 수개월인 것 같으며 실내에는 작은 책상이 놓여 있고 실내 한 구석에는 세면 기구와 구두 놓는 그릇이 있으며 방 한 구석에는 위스키 빈 병이 걸려 있고 벽에는 「평화대길 통일다경」(平和大吉 統一多慶)이라고 쓴 입춘시가 붙어 있었다. 조소앙(趙素昻)[11]이 이러한 입춘시를 잘 써 붙이는 습관이 있고 술도 항상 조금씩 먹어야 하는 애주의 성벽이 있는 것을 나는 얼

---

11 조소앙(趙素昻: 1887~?) : 경기도 파주 출신. 메이지(明治)대학 졸업. 중국으로 망명하여 박달학원을 중심으로 1918년의 무오(戊午) 독립 선언을 기초하고, 임정에 참여하여 외무총장과 의정원 의장을 지내면서 삼균주의(三均主儀)를 완성하였다. 임정에서 한국독립당의 창당에 관여하고, 해방과 더불어 귀국하여 임정 계열을 이끌고 반탁 운동을 주도했다. 건국 후에 국회의원에 당선되었으나 한국전쟁 당시에 북한으로 끌려감.

른 생각하게 되자 이 방이 확실히 조소앙이 있던 방인데 나 때문에 다른 곳으로 옮겨간 것으로 인정되어 조소앙을 만난 것과 다름없는 기분이었다. 나는 그 찰나 부지중에,

"이게 조소앙이 있던 방이로군."

하였더니 시위 청년은 눈이 휘둥그레져서 나를 보다가 잠간 어디 갔다 와서 비행기가 온다고 하면서 즉시로 다른 곳으로 옮겨가서 이번에는 어느 지하실에서 일개월간 있게 되었다. 조소앙도 상당한 감시 속에서 고적히 지낸 것이 눈에 선연하였다. 그러나 그는 나와 달라서 위스키라도 먹을 줄 알았으니 입춘시나 쓰면서 자기 도취로 유쾌한 일면도 있었을 것이라고 짐작되었다.

 북한에 체제하는 동안 정치 경제 문화 등 각 방면의 사회 형태가 나의 안공(眼孔)에 영사된 각종 인상과 금번의 북한 왕래 종료 후의 감상은 금후 적당한 기회에 제공하겠다.(← p. 17)

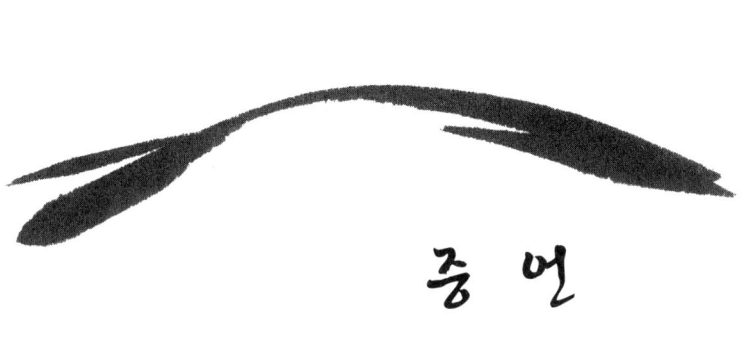

증언

# 박진목(朴進穆)·이종섭(李鍾燮)의 증언

**장소** : 건국대학교 신복룡의 연구실
**때** : 1987년 9월 19일
**증인의 신분** :
    **박진목**(1918년생) : 전 남로당 경북도당 간부, 북파 요원
    **이종섭**(1926년생) : 이용겸(李容謙, J. R. Hodge 장군 부
                  관감실 및 주한미군사령부 통역)의 조카
**녹취** : 신복룡

**신복룡** : 두 분을 모셔서 반갑고 감사합니다. 제가 오늘 두 분을 뵙고 듣고자 하는 것은 한국전쟁 당시 미군 측의 주선으로 종전 교섭을 하던 최익환 선생과 당사자이신 박진목 선생님의 활동에 관한 증언입니다. 한국전쟁은 그 자체로서 한국사에 차지하는 의미가 깊고, 또 휴전 문제도 더 밝혀져야 할 부분이 많이 있습니다. 그러나 휴전 협정 문제는 아직도 미궁에 싸여 있는 부분이 많고 특히 휴전 협상을 위한 비밀 교섭의 문제는 당사자이신 박진목 선생님의 회고

록과 최익환 선생의 유족들의 구전이 남아 있는 정도였습니다.

다행히도 저는 1985~1985년도에 미국연방문서보관소에서 한국전쟁 휴전 협정 문건을 찾던 중에 박진목 선생님의 북파 기록을 찾을 수 있었습니다. 이제 그 문서를 기초로 하여 두 분 선생님을 모시고 비밀 협상의 전모와 밀사들의 활약을 입체적으로 재구성해 보고자 합니다.

먼저 한국전쟁 중의 휴전 교섭을 위한 비밀 협상을 추적하다 보면 그 중심에 이용겸(李容謙)이라는 분이 등장합니다. 그분은 어떤 분인가요?

**이종섭** : 이용겸 씨는 저의 삼촌인데, 1916년생입니다. 그는 군정 시대에 하지(John R. Hodge) 장군의 부관감실에서 통역으로 근무했습니다. 그 시대에 민주의원 의원이었던 최익환 선생과는 정치적인 이유로 자연스럽게 접근할 수 있었습니다. 당시 미군과 한국인의 회의는 영어로 진행되고 이용겸 씨가 그 통역을 맡았습니다. 이용겸 씨는 해방 전에 일본 주오(中央)대학 재학생이었는데, 당시 문과 학생들은 학도병에 차출되자 탈출하였습니다. 그때 이용겸 씨도 일본을 탈출하여 1943년 원산(元山) 근처에서 지하 활동을 했습니다.

이용겸 씨는 함경남도 신흥(新興) 출신으로서 그 당시에 광산에 잠입하여 다이너마이트를 절취하여 일제의 관청을 습격하려고 기도하던 중 일행 중의 한 명의 밀고로 거사하기 전에 체포되어 함흥지방법원에서 3년형을 받고 1년 반을 복역하고 해방과 더불어 출감했습니다.1 군정 시대에는 하지의 부관감실에서 근무하다가 정부 수립 이후에는 미국 대사관에서 근무했습니다. 그 당시 그는 장충동 1가 50-16호 적산 가옥에 살았습니다. 그는 당시 삼청동 총리 공관에 있는 어느 미군 부대2를 자주 출입하였습니다. 그는 1960년 3월에 사망했습니다.

**박진목**: 나도 그 분의 집에를 자주 갔었습니다. 이용겸 씨도 그 후에 특무대에 연행되었습니다. 나는 이미 요시찰 인물이었으므로 이용겸 씨와는 그 후 소원(疏遠)해졌습니다. 이용겸 씨는 그 사건 이후 미군으로부터 사실상 배제되었습니다.

**신**: 박 선생님께서는 혹시 박호인(朴浩仁)이라는 인물을 기억하십니까?

**박**: 알지요. 그 사람은 이북 사람인데 건달 같기도 하고 브로커 같기도 했습니다. 그는 나에게 매우 호의적이었어요.

**신**: 그 사람은 실은 선생님의 동향을 보고하는 정보원이었습니다. 미군 801 CIC의 기록에 의하면 선생님께서는 보도연맹에 가입한 사실이 있고, 전쟁 전에 북한을 다녀왔다고 하는데 사실인가요?

---

1 이용겸은 이 공적으로 1990년에 독립운동 애국장을 받았다.
2 이 건물은 미육군성연락장교단(DALD : Department of Army Liaison Detachment) 사무실이었다. 이하 김상근의 증언 참조.

박 : 나는 보도연맹에 가입한 사실이 없고 북한에 다녀온 적도 없습니다.
신 : 북한에 간 경위는 어떻게 된 것입니까?
박 : 나를 오라고 한 것은 이승엽(李承燁)이지만 나를 보낸 것은 미군이었습니다. 한국 특무대에서는 내가 북한의 간첩으로서 최익환과 이용겸을 포섭한 것으로 몰아갔습니다.
신 : 노블(Harold Noble)이라는 인물을 아십니까?
박 : 알지요. 그 사람은 미국의 공작원이었어요. 북한의 이승엽 판결문에 의하면 나는 노블의 지시를 받은 이용겸의 첩자로 되어 있더군요. 일본에서 그 자료를 봤습니다.
신 : 한지성(韓志成)이라는 인물은 어떤 사람인가요?
박 : 한지성은 광복군 출신으로서 일제 시대에는 영국군에 배속되어 대일전에 참전한 적이 있는 인물입니다. 그는 공산군이 서울을 점령했을 때 서울시 부시장이었습니다.
신 : 최익환 선생과의 인연은 어떻게 되는가요?
박 : 내가 최익환 선생을 만난 것은 박영덕(朴永德) 씨의 소개를 통해서였습니다. 박영덕 씨는 최익환 선생과는 독립 운동 동지로서 친한 사이였습니다. 나는 최익환 선생과 함께 성북동에서 이승엽·한지성을 만났습니다. 나는 1·4후퇴 때 남하하지 않고 공산 치하에 남아 있다가 최익환 선생과 함께 종전 운동을 하려는 뜻으로 이승엽을 찾아 갔습니다.

내가 1951년 11월에 중부경찰서에 구속되었을 때, 경찰에서는 내가 고의로 잔류하여 빨찌산과 접촉하려 했다고 그들이 말했으나 그 당시에도 나는 사상관찰자로 분류되어 이미 구금된 상태였고, 석방되었을 때는 이미 남하가 불가능했었습니다.

**신** : 선생님은 남로당 경북도당의 간부였는데 왜 그 당에서 이탈했습니까?

**박** : 내가 남로당에 가입한 것은 1945년 9월이었습니다. 정확하게 말하면 나는 그때 혁명운동열성자대회에 가입했습니다. 내가 남로당을 이탈한 것은 1948년이었습니다. 내가 남로당을 이탈한 이유는 남로당이 빨찌산(게릴라) 활동을 하는 것에 동의할 수가 없었기 때문이었습니다. 미군이 주둔한 상황에서 게릴라는 사실상 불가능하다고 나는 판단했습니다.

나는 종전 운동이 애국 운동이라고 생각했습니다. 내가 최 성생님과 함께 성북동에 있는데 조남진(趙南鎭) 씨가 찾아 왔습니다. 집에서 연기가 나는 것을 보고 왔다더군요. 그는 전시에 서울시당 수습책이었어요. 그는 최 선생을 잘 알고 있었습니다. 우리는 그에게 종전의 의지를 피력했습니다. 그러나 그는 북한이 승리한다는 확신에 차 있었기 때문에 우리의 의견에 귀를 기울이지 않는 것 같았지만 일단 이승엽에게 보고하기로 약속했습니다.

그 후 며칠이 지나 나는 한지성을 찾아가 다시 종전 운동을 호소했어요. 한지성이 공감하더군요. 이승엽이 사람을 보내 우리를 데리러 왔어요. 그는 말하기를,

"두 분의 말을 믿기는 하지만 이승만(李承晩)이나 미군의 신임장이 없이는 신뢰할 수 없으니 이를 받아 오라."
는 것이었습니다. 그러기 위해서는 부산으로 내려가라는 것이었습니다. 그러는 과정에서 북한군이 철수했습니다.

다시 수복이 된 후 박영덕 씨가 이승만 대통령을 만나려 했으나 북진통일을 외치는 그에게 종전을 말할 분위기가 아니었기 때문에 찾아가지 않았습니다. 최익환 선생의 판단에 따르면 이승만이 작전지휘권이 없는 상황에서 그를 만나는 것이 의미가 없는 것이었습니다.

그러는 과정에 장충동에서 이용겸 씨를 다시 만났습니다. 그리고 그를 통해 미군과의 교섭이 다시 시작되었습니다. 미군이 나에게 이북에 다녀올 수 있는지를 물었습니다. 그러면서 신임장을 주었습니다. 북한에 가서 그것을 보여주었더니 그것은 단순히 전선통과증이지 신임장이 아니라고 말하면서 나에 대한 신뢰를 의심했습니다. 그때는 휴전 회담이 결렬되어 있는 상태였습니다. 미국이 나를 북한에 보낸 이유는 휴전 회담이 결렬된 상태에서 돌파구를 찾고 싶었기 때문이었습니다.

북한에 도착해 보니 노동당에서는 나를 신임했으나 사회안전성에서는 나를 신임하지 않는다는 느낌을 받았습니다. 내가 남한으로 내려올 때 나를 담당한 사람이 나에게 말하기를,

"10일 이내에 판문교에서 깃발을 휘둘러라. 그러면 남한

에서도 정전 회담의 의지가 있는 것으로 판단하겠다."
고 하였습니다. 그때 내가 만난 사람은 이상조(李相朝)였습니다.

이 무렵에 UN군 공군이 평양의 어느 국장을 폭격하는 사건이 일어났습니다. 교섭이 난항에 부딪혔습니다. 더구나 일을 어렵게 한 것은 우리를 파견한 미군 부대에서 공작금을 횡령하는 사건이 벌어졌습니다.

**신**: 미군 측 기록에는 공자금 1천만 원을 지급한 것으로 되어 있습니다.

**박**: 나는 그 돈을 받은 적이 없습니다. 독립 운동하던 사람으로서는 그런 돈을 받을 수가 없지요. 남한으로 돌아와 보니 미군들은 나를 북파했다는 사실 자체를 부인했습니다. 공교롭게도 이 무렵에 미국 705 CIC에 인사이동이 있었습니다.

705 CIC에서 풀려난 후 우리는 김창룡(金昌龍)3 부대에 이첩되었습니다. 그때 우리는 장덕근(張德根) 경위에게 취조를 받았습니다. 그는 서울 시경에서 705 CIC에 파견된 인물이었습니다. 그 후 대구경찰서 옆 본정(本町)여관에서 그를 만난 적이 있습니다. 나는 처음에는 군법 회의에 회

---

3 김창룡(金昌龍 : 1920~1956) : 함남 영흥 출신. 만주로 건너가 관동군 헌병대 대공 사찰 담당자로 활약. 해방과 함께 귀국한 그는 경비대사관학교에 입교하여 3기의 우수생으로 졸업한 후 소령에 임관됨. 1951년에 준장으로 승진하여 특무대장으로 임명된 후 좌익 색출에 탁월한 공을 세우고 이승만의 신임을 얻었으나 암살됨. 그는 생전에 Snake Kim이라는 별명으로 불렸다.

부되었다가 다시 민간 법원으로 넘겨졌어요. 1951년 8월 10일, 나는 5년 징역형을 받았으며, 대구고등법원에서 확정 판결을 받고 대구형무소에서 만기 출옥했습니다.

**신**: 미군 측 기록에는 그가 내무부장관 장경근(張暻根)의 동생이라던데요?

**박**: 그렇지 않을 겁니다. 그것은 아마도 박호인이 잘못 알고 보고했을 것입니다.

**신**: 김혜숙(金惠淑)이라는 인물은 어떤 사람인가요?

**박**: 김혜숙은 곽동영(郭東英)의 부인입니다. 곽동영은 약산파(若山派) 공산주의자로서 월북했지요. 김혜숙은 1946년에 여맹(女性同盟) 경북도당 위원장을 지냈습니다. 내가 북한에 들어간 이후 소식이 두절되자 김혜숙을 다시 북한에 보냈습니다. 그가 월북하고 내가 월남하는 것이 길이 엇갈렸습니다. 그는 남하하여 북한이 최익환 선생을 보내줄 것을 요구했다고 보고했습니다.

최익환 선생은 월남한 직후 구금되었습니다. 그가 북한에 갔을 때 이승엽이 만나주지 않았습니다. 이승엽은 아마 남한에서 박진목이 구속되었다는 말을 들은 이후 종전 운동의 장래를 불신했던 것으로 보입니다. 최익환 선생은 북한에서 벼의 다수확 재배법을 배웠다고 합니다. 그 분은 그 후에 다수확에 관한 책을 썼어요.

역전(力田 : 최익환의 호) 선생은 남하 후에 재판에 회부되지는 않았어요. 그분의 독립 운동의 경력으로 보나 정치적 위치로 보나 구속할 상황이 아니었어요. 그가 기소되었던 것은 사실입니다. 그 당시 그분의 변호사가 이원홍 씨였던 것으로 보아 무혐의는 아니었던 것 같아요. 그는 참으로 애국자였습니다. 나는 평생에 그만한 애국자를 본 적이 없어요. 그분이 세상을 떠났을 때, 조병옥(趙炳玉) 박사가 문상을 와서 애통해 하던 모습이 생각납니다.

# 김상근(金尙根)의 증언

**장소** : 서울시 서대문구 남가좌동 175-38 김상근의 자택
**때** : 1987년 9월 22일
**증인의 신분**(1926년생) : 전(前) 미군 705 CIC 특수수사관 겸 통역관

**녹취** : 신복룡

한국전쟁 기간 중 9·28 수복 당시에 나는 청량리 부근에서 살고 있었습니다. 그 당시 나는 영어를 잘 했기 때문에 미군 10군단 CIC에 차출되었다가 다시 705 CIC로 배속되어 있었습니다. 그 당시 내가 근무하던 705 CIC는 지금의 유한양행(柳韓洋行) 건물에 있었습니다.

내가 특수수사관으로 있는 동안 최익환(崔益煥)·박진목(朴進穆) 사건을 다루면서 첫 번째로 만난 사람은 이용겸(李容謙)이라는 인물이었습니다. 그는 8·15 전 일제 시대에 독립 운동을 하다가 체포되어 함흥감옥에서 복역한 사실이 있는 인물이

었습니다. 영어를 잘 했던 그는 해방과 더불어 하지(John R. Hodge) 사령관의 부관감실에서 통역으로 근무했는데 당시에 성세에 있던 많은 사람들이 그를 통해야만 하지 장군을 만날 수 있을 만큼 그는 영향력이 있는 인물이었습니다. 그의 사무실은 북아현동에 있는 공군구락부, 지금의 인창(仁昌)고등학교 부근에 있었습니다. 이용겸은 박진목의 부탁을 받고 미국영사관 사람들을 소개해 주었습니다. (녹음 불량으로 중략)[1]

북한 공산당의 치하에서 서울점령사령부는 지금의 중동(中東)학교에 있었습니다. 최익환 선생은 그곳을 방문하여 서울 시장 이승엽(李承燁)을 만나,

"어찌 이럴 수가 있느냐, 동족끼리 싸울 이유가 있느냐? 우리끼리 대화로 전쟁 문제를 풀자."

고 말하니 이승엽은,

"이승만(李承晩)을 믿을 수 없으니 미군과 대화를 하자."

고 요구했습니다. 최익환은 무력이 아닌 방법으로 통일을 모색하자고 거듭 제의했습니다.

[이렇게 되어 최익환과 미군과의 접촉이 시작되었습니다.] 이 사건[휴전 교섭]에서 미국영사관은 주역이 아니었습니다. 당시 영사관 직원은 지금이 전시이므로 이 문제는 자신의 소관이 아

---

[1] 이 당시 박진목은 최익환의 소개로 이용겸을 알게 되어 그를 찾아 갔다. 군정 시대에 민주의원을 역임한 최익환은 군정 지도자들과 접촉하는 과정에서 자연스럽게 하지의 통역관인 이용겸을 알고 있던 터였다. 이러한 인연으로 최익환은 박진목을 미국영사관에 보내어 휴전 교섭에 관한 사항을 미국 관리들과 상의하도록 부탁했다.(편자 주)

니라고 말하면서 이를 미육군성연락장교단(Department of Army Liaison Detach- ment : DALD)에로 이첩했습니다. DALD는 미육군성의 직할 예하 부대였기 때문에 지휘체계상 미8군과는 별도로 활약하고 있었습니다. 이들은 지금의 삼청동 국무총리 공관에 위치하고 있었습니다. DALD는 이 문제를 705 CIC에서 맡아 처리하도록 지시했습니다. 이에 따라서 이 문제를 관심 깊게 생각한 705 CIC의 작전 장교 존스 대위(Capt. Jones)는 1951년 5월 장충동 1가 50번지 16호에 있는 이용겸의 집을 방문하여 그간의 경위를 청문했습니다.

이러한 과정을 거쳐 박진목이 북한을 다녀오게 되었는데, 박진목은 남한에 돌아와 이승엽이 김혜숙(金惠淑)을 밀사로 보내 달라고 요구한다고 보고했습니다.[2] 이승엽과 김혜숙이 정식 부부인지는 알 수 없으나 김혜숙은 이승엽과 내연의 관계에 있었던 것은 확실합니다. 내가 그들을 취조했기 때문에 내가 그들의 관계를 잘 압니다. 그때 내가 최익환 선생도 함께 취조했습니다. 그때 나의 직함은 특수수사관 겸 통역관(special investigator and Interpreter)이었습니다.

취조는 주로 시경 분실에서 했습니다. 시경 소속 장(張) 경위(警衛)가 배석했습니다. 아마도 그의 이름은 장덕근(張德根)이

---

[2] 여러 사람의 증언을 종합해 보면 이 부분은 사실과 다소 다르다. 즉 박진목이 남하하여 김혜숙을 보내라는 북한 측의 의사를 전달한 것이 아니라 북한으로 들어간 박진목으로부터의 연락이 약속 시간보다 늦어지자 미군 측에서 김혜숙을 보낸 것이다.(편자 주)

었던 것으로 기억됩니다. 김혜숙은 서울시인민위원회 부녀부장으로서 대단히 활동적인 여성이었으며 남로당원이었습니다. 김혜숙이 언제 돌아왔는지는 나도 모릅니다. 김혜숙을 보낼 수밖에 없었던 것은 그럴 수밖에 없는 사연이 있었습니다. 즉 박진목이 다녀온 이후 후속 연락을 위해 몇 사람을 더 보냈지만 보내는 사람마다 강원도 포수였습니다. 그럴 수밖에 없었던 것이, 이북 사람들이 남한에서 올라간 사람과 이승엽과의 면담을 주선해 주지 않았기 때문이었습니다.

이 당시 미군 측의 나의 카운터 파트는 와고(Charles T. Wago)라는 사람이었는데 그는 일본인이었습니다. 그는 지금 하와이에 살고 있습니다.

이와 같이 비밀 협상이 진행된다는 사실이 한국군 506 CIC에 포착되었습니다. 그때 내가 박진목 씨를 취조했습니다. 그때 그들이 고문당하는 것을 보았습니다. 다동 입구 서울시경 분실에서 고문했습니다.[3] 박진목의 답변 중에는 미군 측에 빨갱이가 있다는 것이었습니다. 그 증거를 물었더니 DALD에서 보낸 중도파 사람들이 북한에 가면 오지 않는 것으로 미뤄 보아 그렇게 생각했다는 것입니다. 이로 인하여 DALD는 매우 입장이 어려워졌습니다. 이에 DALD의 책임자인 미군 대령이 찾아와 자신들은 이 문제에서 손을 떼겠다고 말하면서 관계자들이 남한으로 넘어오는 대로 한국 측에 넘겨주기로 했습니다. 이용겸

---

3 박진목은 그때 자신을 고문한 사람이 장덕근이라고 회고했다.

은 이 사건으로 고초를 겪지는 않았습니다.

　최익환 선생이 북한으로 넘어갈 때 내가 모시고 갔습니다. 강화도 양사면 철산리(兩寺面 鐵山里)까지 내가 모시고 갔습니다. 왜 그렇게 되었느냐 하면, 노인이 되어 안 보내려 했는데, 박진목이 내려와서 하는 말이, 꼭 최익환 선생이 올라 와야 이승엽이 만나겠다고 한다고, 백 사람이 와도 소용없다고 했기 때문이었습니다. 이승엽이가 최익환 선생을 그토록 신임한 것은 중동학교에서 만난 인상 때문이었던 것으로 보입니다.

　최익환이 북한으로 넘어간 것은 1951년 11월이었습니다. 내가 판단하기에 그분이 남한에 계셔도 시경 분실에 불려가 고초를 겪을 것 같고, 북한에서도 꼭 그 분이 오셔야 한다고 하니 최익환을 북한에 보내는 것이 좋을 것이라고 판단되었습니다. 이때 버제트 소령(Major Budget ?)이 본국으로 전출되어 돌아갔습니다. 705 CIC 대장이었던 그가 이 작전의 총책이었습니다. 실무책임자는 존스 대위였습니다. 그는 705 CIC의 작전과 (Operation Office) 책임자였습니다.

　내가 최익환 선생을 모시고 강화도로 넘어갈 때 한국군 HID 임 대령의 허가를 받았습니다. 넘어가시기 전에 내가 그 노인을 모시고 동대문시장에 나가 내의를 샀습니다. 장덕근이와 함께 내가 운전을 하고 강화도로 갔습니다. 철산리에서 하루를 주무시고 넘어갔습니다. 넘어가기 전에 임 대령의 연락을 받은 하급 장교의 안내로 월북했습니다.

　최익환 선생이 돌아온 후 그분을 만났습니다. 그때 나는 이

미 낙동강 오리알이 되어 있었습니다. 이때는 부산의 김종원(金宗元)4이 설치고 있던 때였습니다. 최익환은 북한에서 아무도 못 만나고 유폐되어 있었다고 합니다. 혼자서 벼 재배를 연구했습니다. 이미 그때는 이승엽이 몰락하였기 때문이었습니다. 북한에서 넘어올 때는 증명서가 있었기 때문에 별문제가 없었으나, 곧 김창룡(金昌龍)에게 인계되었습니다. 매우 고초를 당했다고 들었습니다. 그러나 형사 처벌을 받지는 않았습니다.

---

4 김종원(金宗元 : 1922~1963) : 경북 경산군 출신. 일제 때 일본군 하사관 출신으로 뉴기니아 전투에 참가, 해방과 더불어 국방경비대 소대장으로 취임하여 여수·순천사건의 진압으로 악명을 떨쳤다. 군정과 건국 초기에 공비 토벌에 전공을 세우고 '백두산 호랑이'라는 칭호를 얻었다. 한국전쟁 중에는 부산헌병사령부 부사령관 겸 경남지구병사구사령관, 경남지구 계엄사령부 북구사령관을 맡아, 포항·영덕지구 전투에서 공을 세웠다. 1951년 9월 거창학살사건을 조사하러 온 국회위원들을 가짜 공비를 매복시켜 습격한 혐의로 군법회의에 회부되어 징역 3년의 판결을 받았으나, 약 8개월 후 이승만의 특별 명령으로 석방되었고, 전북경찰국장과 경남경찰국장을 거쳐 1956년 5·15 대통령선거 뒤 선거의 공을 인정받아 내무부 치안국장에 임명되었으나 4월혁명 후 서대문형무소에서 복역하다가 병보석을 받아 출감 후 병사함.

# 최기창(崔基彰)의 증언[1]

**장소** : 동아일보사
**때** : 1972년 5월 25일
**증인의 신분**(1938년 생) : 최익환의 아들
**녹취** : 조규하(曺圭河)

나는 당시 초등학교 6년생이라 자초지종을 잘 알지 못합니다. 아버님은 본래 성격도 과묵하시고 독립 운동이나 정치 운동 등 비밀을 지켜야 할 필요성 많은 일을 하신 탓인지 집에 오셔서는 어머님이나 저에게 바깥일은 일체 말씀하시지 않으셨지요. 다만 평양으로 떠나시기 전날 저를 장충동 이용겸(李容謙) 선생 댁으로 데려가 일박(一泊)하시면서 어딘지 사지(死地)

---

[1] 이 글은 조규하 기자가 녹취하여 「남북의 대화」(94), 『동아일보』 1972년 5월 30일자에 게재된 것으로서 그 후 曺圭河・李庚文・姜聲才, 『남북의 대화』(서울: 한얼문고, 1972), 440쪽; 曺圭河・李庚文・姜聲才, 『남북의 대화』(서울: 고려원, 1987), 527~528쪽에 수록되었다. 이 글은 조규하 지사의 호의로 위의 인터뷰를 전재한 것이다.

를 가시는 듯한 표정을 하시며 이용겸 씨에게 저의 뒷바라지를 당부하던 일이 어린 제 마음에도 이상하게 생각되어 지금껏 기억에 남아 있습니다.

그 후 띄엄띄엄 평양 갔다 오신 일을 단편적으로 말씀해 주셨고 또 손님들과 말씀하시는 것을 제가 얻어 들은 기억이 있습니다. 그 기억에 의하면 6·25 직후 9·28 이전에 이승엽(李承燁)을 서울에서 만나 종전을 호소했었다는 이야기를 하신 것 같은데 만났다는 시기가 혹은 1·4 후퇴 이후인지도 모르겠습니다. 또 종전에 합의한 후 이승만(李承晚) 대통령에게 호소하지는 못했다는 것입니다. 그 이유는 상해에서 1922년에서 25년 사이에 이승만 박사가 의정원의 불신임과 탄핵을 받은 일이 있습니다. 그때 탄핵안을 집요하게 주장했던 분이 나창헌(羅昌憲)[2] 씨였다고 합니다.

그런데 그 나창헌 씨가 대동단(大同團) 단원으로서 아버님의 지지자였다고 해요. 그 사건 때문에 해방 이후에도 같은 우익 진영이면서도 별로 친하시지 못했다고 합니다만, 어떻든 아버님이 이 박사에게 종전 호소를 시도하고 있던 중에 이용겸 씨와 연락이 되어 미국 측 요청으로 박진목(朴進穆) 씨가 평양에 다녀왔습니다. 그 후 평양에서 아버님 평양에 다녀가기를 바라

---

2 나창헌(羅昌憲 : 1896~1936) : 평북 회천 출신. 경성의학전문학교 재학 중에 3·1운동에 가담. 1919년에 대동단(大同團)의 의친왕(義親王) 탈출 사건에 깊이 관여했으나 체포를 피해 상해로 망명하여 임정에 가담, 이승만(李承晚) 탄핵심판위원장을 지냈다. 그 후 의정원 경무국장, 내무차장, 병인의용대장으로 활약 중 병사함.

고 있다는 기별이 왔지요. 그래서 아버님이 평양에 가게 되었는데 겨울 옷을 두껍게 입고 가신 것 같기도 하고 덥다고 안 입으신 것도 같고 기억이 잘 안 납니다. 아버님이 떠나실 때 이용겸 씨와 박진목 씨에게 저를 부탁하셨는데 그 이후 아버님이 돌아오실 때까지 저의 학비를 이 선생이 주시기도 했지요.

 아버님은 평양에 가시기는 했지만 이승엽을 못 만났다고 해요. 그때 이승엽은 만주인가 모스코바엔가를 가서 없다고 하더랍니다. 김일성(金日成)을 만나겠다고 하니까 완강히 거절하더래요. 그러고는 평양 교외 어느 농사 시험장에 모셔 놓고 시간을 끄는 세뇌 공작인 것 같더랍니다. 그래서 약 1년 동안 벼농사 기술을 배웠는데 다수확 재배 방법을 연구했다고 해요. 김일성의 면회도 안 되고 해서 나중엔 서울로 가겠다고 버티니 보내 주더랍니다. 오실 때 연백 · 교동 · 강화의 코스로 내려오신 것 같아요.

# 한국전쟁의 휴전 협상과 밀사들의 쟈견

신 복 룡

# 한국전쟁의 휴전 협상과 밀사들의 파견[1]

## 1) 서 론

적어도 전쟁 당사국으로서의 휴전에 대한 입장은 개전에 앞서 구상되었다고 볼 수 있다. 따라서 휴전에 임하는 당사국의 태도나 의지를 읽는 것은 그 전쟁의 성격을 가늠하는 가장 중요한 척도 중의 하나가 된다. 바꿔 말해서 휴전 회담에 제시된 교전국의 의제(議題)는 전쟁 목적의 결정체라고 할 수 있기 때문에 개전 이유를 알려면 무엇보다도 휴전 회담에서의 요구 조건을 음미해 보아야 하는데, 이런 점에서 한국전쟁도 그 예외가 아니다.

이 장(章)은 한국전쟁의 휴전 문제에서 특히 막후에서 전개된 비밀 협상을 천착하여 당사국 간의 이해관계를 밝혀봄으로써 전쟁의 성격을 구명하려는 데 목적이 있다. 따라서 기왕에

---

[1] 이 글은 신복룡, 『한국분단사연구 : 1943~1953』(서울 : 한울출판사, 2006), 705~713쪽을 전재한 것이다.

발표된 협상의 전개 과정보다는 휴전 전야의 당사국의 이해 관계와 밀사들의 활약에 그 초점을 맞추고 있는데 이는 공개 회의의 진행 과정도 중요하지만 그들의 진정한 의중은 막후 협상에서 더 진지하게 거론되었다고 믿어지기 때문이다. 역사가는 묻혔던 사실을 발굴하거나, 아니면 기존의 이론을 수정·보완한다는 두 가지 측면 중 어느 한 가지로 기여할 수 있다고 한다면, 이 글은 전적으로 전자에 해당하는 것이다.

대부분의 전쟁이 그렇듯이, 한국전쟁도 승리에 대한 오판이 빚은 비극이었다. 김일성(金日成)은 한국전쟁을 개전하면서 적어도 낙엽지기 전에 남한 정권을 격파하고 공산화 통일을 이룰 수 있으리라고 확신하고 있었다. 그러나 서울을 점령하는 것으로 남한이 항복하리라는 판단이 빗나가면서 전쟁은 의도했던 바와는 전혀 다른 방향으로 흘러가고 있었다. 우선 소련과 중공의 보급이 바라던 바와 같지 않았고, 미국이 참전하지 않으리라는 판단이 빗나갔으며, 개전의 총성과 함께 남한에서의「혁명 세력」들이 봉기하리라던 기대도 빗나갔다. 북한은 곧이어 개전을 후회했으나 북한의 초토화를 견디지 못하고 휴전을 모색하지 않을 수 없었다.

중요한 교전 당사국인 미국도 오판하기는 마찬가지였다. 사실 맥아더(Douglas MacArthur)는 제2차 세계 대전을 승리로 이끈 자만심에 도취되어 한국전쟁을 너무 쉽게 생각했다. 맥아더는 자신이 일본에 앉아 있기만 해도 중공군이 감히 압록강을 건너지 못하리라고 생각했던 것 같다. 당시 맥아더는 일종의

자아도취에 빠져 중공군이 대규모로 조선에 들어오리라고는 예상치 못했다.2 그는 24사단장 처치(John Church) 장군에게 '성탄절까지는 미군을 고향의 가족에게 보내주겠다'3고 말했다. 그러나 전쟁은 그의 뜻대로 쉽게 끝나지 않았다. 중공군이 참전하고 전황은 더욱 어려워졌다. 전상 피해는 1951년의 소위 춘계 공세(May Assault)에서 더욱 심각하였으며, 미 2사단, 24사단, 25사단과 영국군이 가장 큰 타격을 입었다.

당초부터 이 전쟁을 전면전으로 확산하고 싶은 의도가 없었던 미국으로서는 이제 전쟁 이전의 상태의 영토를 회복한 상황에서 휴전을 모색하는 것이 득책이리라고 생각했다. 이와 같은 판단에서 휴전을 모색하던 미국으로서는 이 전쟁의 막후 연출자는 중공이라고 생각했다. 이러한 판단에 따라서 미국은 국무성 안의 지한파로서 비교적 국제 무대에 노출되지 않은 마셜(Charles B. Marshall)을 비밀리에 중공에 파견하여 휴전을 모색하였다.4 그러나 협상 기술의 미숙함과 국제 무대에서 스포트라이트를 받고 있던 중공으로서는 쉽사리 휴전에 응할 의도

---

2 Douglas MacArthur, *Reminiscences* (New York: McGraw-Hill, 1964), p. 362; 洪學智, 『抗美援朝戰爭回憶』(北京: 解放軍文藝出版社, 1990), 61쪽.

3 Robert Smith, *MacArthur in Korea: The Naked Emperor* (New York: Simon and Schuster, 1982), p. 97.

4 "Memorandum of Conversation in Department of State" (January 6~7, 12~13, 1951), *FRUS: 1951*, Vol. VII, Part 2 (Washington, D. C.: USGPO, 1984), pp. 1476~1477.

가 없었기 때문에 대 중공 협상은 실패로 돌아갔다.

중공이 한국전쟁이 연출자가 아니라는 사실을 깨달았을 때 미국으로서는 소련의 의중을 주목하게 되고 결국에는 소련과의 비밀 협상을 다시 추구하게 된다. 협상의 주역은 당대 최고의 소련전문가였던 케난(G. F. Kennan)이었고 그의 카운터 파트는 유엔 주재 소련 측 교체 수석 대표인 말리크(Jacob Malik)였다. 두 사람은 롱아일랜드에 있는 말리크의 비밀 협상을 갖고 휴전에 동의하게 된다.5

### 2) 회담의 교착

이제 공(ball)은 UN군 측으로 넘어 왔다. 1951년 6월 29일 트루먼(Harry S. Truman)은 국가안전보장회의(National Security Council: NSC)의 결의를 거쳐 합동참모본부(JCS)를 통하여 릿지웨이(Matthew B. Ridgway)로 하여금 공산 측과 직접 휴전을 교섭하라는 훈령을 내렸다. 릿지웨이는 6월 30일에 서울과 도쿄(東京)의 방송을 통해 휴전을 위한 군사 회담을 원산항(元山港)에 정박중인 덴마크의 병원선 '유틀란디아호'(Jutlandia)에서 개최하자고 제안했다. 그러나 원산은 요새화된 항구이기 때

---

5 "Kennan to Acheson" (June 20, 1951), *FRUS: 1951*, Vol. VII, Part 1 (Washington, D. C.: USGPO, 1983), pp. 537~538; Jacob Malik, "The Price of Peace," *Vital Speech*, Vol. 17, No. 18(July 1, 1951), p. 581.

문에 공산 측으로서는 이를 받아들일 수 없었다. 스탈린(Joseph Stalin)은 미국이 군사 정보를 얻기 위해 이곳을 회담 장소로 지정했다고 생각했고 이에 대한 대응으로 릿지웨이에게 보내는 답신의 초안까지 작성하여 모택동(毛澤東)으로 하여금 발송하도록 했다.6

40시간이 지난 7월 1일, 북한에서는 장소를 개성(開城)으로 바꿔 회담의 뜻이 있으면 7월 10~14일 중에 '오라'는 답전을 보내왔다. 릿지웨이는 공산 측 제안을 수락하면서 7월 5일 09시에 킨니(Col. A. J. Kinney), 머레이(Col. J. C. Murray), 그리고 이수영(李壽榮) 중령을 개성으로 파견해 예비 접촉을 하게 했고, 동 7월 8일 2차 예비 접촉을 거친 다음 동 7월 10일 개성에서 미국 극동함대사령관 조이(Adm. C. T. Joy)와 북한의 남일(南日)이 대좌함으로써 역사적인 휴전 회담이 개막되었다.7

---

6 K. Weathersby (ed.), Doc. 79: "Ciphered Telegram from Mao Zedong to Filippov (Stalin)" (30 June 1951), *CWIHP Bulletin*, Issue 6-7 (Winter/1995~ 1996), p. 64; Doc. 80: "Ciphered Telegram from Filippov (Stalin) to Mao Zedong" (30 June 1951), *ibid.*, pp. 64~65; "Coded Message N 21340, Mao to Stalin" (June 30, 1951), Evgueny p. Bajanov (*et al.* ed.), *The Korean Conflict, 1950~1953 : The Most Mysterious War of 20th Century, Based on Secret Soviet Archives, mimeo*, p. 142;「모택동이 필리포프(스탈린)에게 보낸 암호전문 No. 21266」(1951년 6월 28일 11시 12분),『한국전쟁 관련 러시아 문서』(러시아의 옐친 대통령이 한국의 김영삼 대통령에게 기증한 문서: 이하 YS로 略記함), 215쪽.

7 "JCS to General Ridgway" (29 June 1951), *History of the Korean War: Korean Armistice Negotiation* (July 1951~May 1952), (OCMH at

애당초 휴전 회담의 의제는,

(1) 의사 일정의 채택
(2) 적대 행위의 중지를 위한 기본적인 조건으로서 군사분계선[비무장지대]을 정하는 일
(3) 휴전 조건의 수행을 위한 휴전감시위원단의 구성·권한·기능 등을 포함하여 휴전의 실현을 위한 구체적 합의
(4) 포로에 관한 합의
(5) 양측 관계 국가에 대한 권고[8]

등을 포함하고 있었지만 휴전 회담은 벽두부터 어려움에 봉착했다. 회담 진행과 더불어 다음과 같은 문제들이 차차 드러나기 시작했다.

---

Department of the Army, Historical Manuscript File, RG 407, Washington, D.C.: NA.), pp. 5~7; C. T. Joy, *How Communists Negotiate* (New York: The Macmillan Co., 1955), pp. 1~2; Matthew B. Ridgway, *The Korean War* (Garden City: Doubleday & Co., 1967), p. 198; J. F. Schnabel, *U.S. Army in the Korean War : Policy and Direction: The First Year* (Washington, D.C.: USGPO, 1972), pp. 403~404; Rutherford M. Poats, *Decision in Korea* (New York: The McBride Co., 1954), pp. 202~203; Dean Acheson, *The Korean War* (New York: W. W. Norton Co., 1971), p. 122; Dean Acheson, *Present at the Creation* (New York: W. W. Norton & Co., 1969), p. 534.

8 J. L. Collins, *War in Peace Time* (Boston: Houghton Mifflin Co., 1969), pp. 330.

첫째, 회담 장소에 문제가 있었다. 애당초 미국 측에서 원산항에 정박 중인 '유틀란디아호'에서 회담을 개최하자고 제안했을 때만 해도 그들은 휴전 교섭이 그토록 지연되리라고는 예상하지 못했던 것 같고, 따라서 공산 측이 개성 회담을 제의했을 때만 해도 그들은 공산 측의 의중을 정확하게 파악하지 못했음이 분명하다. 회담 장소가 문제 된 것은 개성이 공산군의 경내였다는 사실을 의미한다. 공산 측에서는 회의 개막과 더불어 UN군 대표가 개성에서 기거해야 한다고 강력하게 요구했다.

이것은 여러 가지의 복선이 깔린 전술이었다. 회담 장소가 공산 측의 경내였기 때문에 시설 등을 빌미로 하여 공산 측에서 일정의 주도권을 잡을 수 있었고, 다른 한편으로는 UN군 측 대표가 일종의 '포로'(captive)와 패자의 성격을 띠고 있었을 뿐만 아니라 보도진의 접근에도 문제가 있었기 때문이었다.[9] 이 장소 문제는 비본질적이면서도 매우 미묘했고, 더 나아가 협상에서의 이러한 불필요한 마찰은 개성으로부터 판문점으로 옮길 때까지 계속되었다.

둘째, UN군은 이 휴전 회담이 기본적으로 군사 회담이므로 먼저 휴전하고 이어서 회담을 진행해야 한다는 소위 선휴전·후회담의 기본적인 입장을 취하고 있었던 반면에 공산 측은 이 회담이 정치 회담이어야 하며, 따라서 휴전 문제는 우선 순위에서 뒤로 미루어야 한다고 주장했다.[10] 여기에서 휴전 회담을

---

9 C. Turner Joy, *How Communists Negotiate*, pp. 3~5 ff.
10 U.S. Congress, Senate, *The United States and the Korean Problem:*

정치 회담이 아닌 군사 회담으로 유도하려고 했던 미국의 의중에 대한 설명이 필요하다. 미국의 이와 같은 결정은 UN 참전국 대표들의 권고에 그 기초를 두고 있다. UN참전국 대표단이 휴전 회담을 군사 회담으로 이끌어가야 한다고 주장한 이유는,

(1) 중공과 북한의 당국자들은 미국이 인정하는 공식적인 존재가 아니라는 점.
(2) 이미 공산주의자들이 제기해온 대만 문제, 중공의 승인, 중공의 UN 가입, 인도지나 문제 등의 정치적인 문제들은 회담 의제에서 배제되는 것이 매우 바람직하다는 점.
(3) 중공을 대표하여 UN을 방문하고 있는 오수권이 뉴욕에 있는 한 UN은 회담 장소로 부적절하다는 점.
(4) 협상이 예상되고 있는 것은 전지(戰地)의 군사력과 관련되어 있다는 점.
(5) 중공이나 소련 정부는 중공군이 '지원병'의 형식으로 전쟁을 수행하고 있다는 이유를 들어 현지 사령관만이 그 군대를 지휘할 수 있다고 말함으로써 그들에 대한 책임을 받아들이지 않고 있다는 점.11

등이었고 이 점에 대해서는 미국도 납득하고 있었다. 그러므

---

*Documents, 1943~1953* (Washington, D.C.: USGPO., 1953), p. 58.
11 Dean Acheson, *The Korean War*, p. 121; Dean Acheson, *Present at the Creation*, p. 533.

로 애치슨은 지역사령관이 합동참모본부의 훈령을 받아 적군과 휴전을 교섭할 수 있다고 생각했고,12 이에 따라서 맥아더는 해임 직전에 공산군 최고 지휘관과 만날 용의가 있었으나 그것은 휴전을 다루기 위한 것이 아니라 '항복 조건'(terms of surrender)을 다루기 위한 것이었기 때문에13 당초부터 고려의 대상이 되지 않았다. 정치 회담이냐 군사 회담이냐 하는 문제는 의제상 명문으로 타결된 것은 아니지만, 결국 이 문제는 휴전 조약의 체결과 더불어 군사 회담 쪽으로 타결되었다.

셋째, 포로 교환의 문제가 있었다. 전쟁이 절정기에 이르렀을 때는 공산군 17만 6천 명과 UN군(한국군 포함) 10만 명이 각기 상대방에게 억류되어 있었다.14 그러나 시간이 흐름에 따라 전상의 악화로 사망자가 늘고 도주자가 발생하여 UN군 측에 나포된 포로는 13만 2천 명으로 줄어들었고, 설상가상 거제도(巨濟島) 폭동이 발생하여 포로 교환의 문제는 매우 다루기 어려운 쟁점이 되었다. 그런데 이보다 더욱 어려운 문제는 '비자발적 귀환자'(unvoluntary repatriation 또는 forced repatriation), 즉 세칭 반공 포로의 교환 문제였다. 미국은 투항자로서 귀환을 원치 않는 포로(surrendered personnel)들은 기본적으로 공산

---

12 "D. Acheson's Testimony," *Military Situation in the Far East: Hearings before the Committee on Armed Services and the Committee on Foreign Relations, United States Senate*(Washington, D.C.: USGPO, 1951), p. 1753.

13 *Ibid.*, p. 69.

14 C. Turner Joy, *How Communists Negotiate*, pp. 147~149.

측에 인도하지 않는다는 입장을 취하고 있었지만[15] 북한이 이를 거부함으로써[16] 이것이 오히려 문제를 어렵게 만들었다. 왜냐하면 '귀환을 원치 않는 포로'라는 이 전례 없는 문제는,

(1) 공산 측에 나포된 UN군 포로의 송환에도 불리한 빌미가 될 수 있으며,
(2) 전쟁 또는 협상을 지연시킬 수 있으며,
(3) '비자발적 귀환자의 원칙'은 중재적인 것이어서 제네바 협정 제118조[즉시 송환]를 충족시킬 수 없다는 점,
(4) 피포된 상황에 있는 포로들에게 일생을 좌우하는 중요한 선택을 요구하기에는 상황이 적절치 못하다는 점,
(5) '비자발적 귀환자'의 문제는 향후 공산주의자와의 사이에서 발생할지도 모르는 전쟁에 불리한 선례가 될 수도 있기 때문이다.
(6) '비자발적 귀환자'의 문제는 정치적인 것이기 때문에 휴전 협정에서 다룰 성질의 것이 아니었다.[17]

넷째, 공산군 측의 지연술 때문이었다. 일반적으로 공산주의

---

15 Mattew B. Ridgway, *The Korean War* (Garden City: Doubleday & Co., 1967), p. 208.
16 김일성, 「조국 해방 전쟁의 전망과 종합 대학의 과업」(김일성 종합대학 교직원·학생들 앞에서 한 연설, 1953. 4. 13.), 『김일성저작집』(7)(평양: 노동당출판사, 1979), 148~149쪽.
17 C. Turner Joy, *How Communists Negotiate*, pp. 150~151.

자들은 일단 협상이 시작되면 회담이 타결될 때까지 절차를 지연시키는 것이 상대방의 입장을 약화시킬 수 있다고 믿고 있었고, 서구인들이 지루한 회담을 참지 못하는 성격을 십분 이용하려고 했다.18 공산군 측이 원했던 것은 협상 그 자체였지 타결이 아니었으며,19 특히 중공의 입장은 더욱 그러했다. 「모택동이 팽덕회(彭德懷)에게 보낸 답전」(1951년 6월 20일자)에 따르면, '휴전 협정의 조인은 반드시 늦추어야 한다'20고 되어 있고 스탈린도 협상의 종결을 서두르지 말 것을 누차에 걸쳐 강력하게 충고했다.21 그리고 1952년 8월이 되면 중공은 장기전

---

18 *Ibid.*, p. 39; K. Weathersby (ed.), Doc. 88: "Ciphered Telegram from Mao Zedong to Filippov (Stalin)" (27 August 1951), *CWIHP Bulletin*, Issue 6~7(Winter/1995~1996), p. 68; 「같은 전문」, 『러시아 문서』 (YS), 382~384쪽; 「모택동이 필리포프(스탈린)에게 보낸 비밀 전문, No. 21497」(1951년 7월 5일자), 『러시아 문서』(YS), 376~377쪽; 「모택동이 필리포프(스탈린)에게 보낸 암호 전문 No. 22054」(1951년 7월 20일자), 『러시아 문서』(YS), 379쪽; 「필리포프(스탈린)가 모택동에게 보낸 전문」(1951년 11월 19일자), 『러시아 문서』(YS), 395쪽.

19 Wilfred Bacchus, "The Relationship between Combat and Peace Negotiations," *ORBIS*, Vol. XVII, No. 2 (Summer/1973), p. 562; W. H. Vatcher, Jr., "Inside Story of Our Mistakes in Korea," *U.S. News & World Report* (January 23, 1953), p. 40; Philip E. Mosely, "Soviet Policy and the War," *Journal of International Affairs*, Vol. VI, No. 2(Spring/1952), p. 113; C. T. Joy, *How Communists Negotiate*, pp. 39~40.

20 洪學智, 『抗美援朝戰爭回憶』, 264~265쪽.

21 "Coded Message from Stalin to Mao" (September 17, 1951), Evgueny P. Bajanov (et al. ed.), *The Korean Conflict, 1950~1953*, p. 185; "Coded Message N6849" (November 19, 1951), *ibid.*, p. 180; "NP84/

에 대비하여 동·서해안에 집중적으로 땅굴을 파기 시작했다. 제1선 6개 군은 땅굴 200km, 참호, 교통호 약 650km, 각종 화기 엄폐물 1만여 개를 건설했다.22

당시 중공은 침략자로 낙인찍힘으로써 정치적으로나 군사적으로 불안스럽게 여기고 있었다는 것을 보여주는 증거는 많이 있다. 그러나 그 반면에 국내적으로 볼 때 민중적인 반응은 마치 오랜 민족적 수모에서 벗어난 듯한 승리감에 젖어 있었다.23 그리고 한국전쟁은 국제적으로도 중공의 위치를 격상시키는 데 기여한 것도 사실이다. 이러한 정황에서 중공은 정치적 차원에서 전 세계가 주시하는 가운데 휴전 회담을 개최함으로써 스포트라이트를 받고 싶었다. 중공은 휴전을 원한 것이 아니라 휴전 회담을 즐기고 있었다. 그러나 미국은 휴전 문제를 전적으로 군사적 차원에서 해결하려고 노력하였다. 그렇기 때문에 중공은 선회담·후휴전을 고집했고 미국은 선휴전·후회담을 고집했다.24

---

421, Stalin's Politburo Decision" (November 19, 1951), *ibid.*, p. 187; "Coded Message NP86/33" (March 7, 1952), *ibid.*, p. 181.
22 洪學智, 『抗美援朝戰爭回憶』, 236쪽.
23 "National Intelligence Estimate" (July 10, 1951), *FRUS: 1951*, Vol. VII. *Korea and China*, Part 2 (Washington, D.C.: USGPO, 1983), p. 1738.
24 "Maneuvers for Peace in Korea," *U.S. News & World Report*, Vol. XXX. No. 16 (April 20, 1951), p. 16; W. G. Hermes, *U.S. Army in the Korean War: Truce Tent and Fighting Front* (Washington, D.C.: OCMH at U.S. Army, 1966), p. 15.

다섯째, 앞서 지적한 이승만의 북진통일론이 걸림돌이 되고 있었다. 휴전 회담이 거론되고 막상 한국 측이 회담 당사국에서 배제되었을 때 이승만은 당시의 불리한 내정의 위치를 만회할 수 있는 긴장이 필요했으며 그것은 통일이라는 미명으로 도색(塗色)되어 빈번한 군중 동원을 통해 휴전을 저지하려고 노력했다. 그러나 이러한 일련의 정치적 조작(操作)은 그의 통일 의지와는 별개의 것이었다.

### 3) 밀사의 파견

이상과 같은 이유로 회담은 교착 상태에 빠지고 허미스(Walter G. Hermes)가 이른바 '천막 속에서는 회담이 진행되고 전선에서는 총성이 들리는'(Truce Tent and Fighting Front)[25] 교착 상태가 지속되었다. 이제 현지 사령관 릿지웨이로서는 무엇인가를 결심해야 할 시기에 이르렀다. 릿지웨이가 제일 먼저 해야 할 사실은 공산 측 특히 김일성 또는 그 밖의 어떤 고위 책임자의 의중을 읽는 것이었다. 이러한 상황 중에 한국의 민간인들이 종전을 위해 북한의 고위층과 접촉하고 있다는 첩보가 접수되었다. 그 주역(主役)은 박진목(朴進穆)이라는 인물이었다.

전쟁 이전에 남로당(南勞黨) 경북도당의 재정부장이었던 박

---

25 Walter G. Hermes, *U.S. Army in the Korean War: Truce Tent and Fighting Front*, passim.

진목은 개전 직후인 7월 28일에 의용군에 입대하여 전선에 투입되었으나 공산군이 퇴각할 무렵, 그는 남로당의 대남 전략의 과오와 동족상잔의 비극을 절감하고 춘천지구에서 탈주했다.[26] 그는 1·4 후퇴 무렵 서울에 머물면서 불필요한 살인과 파괴로 인하여 민족이 고통 받는 것을 안타깝게 생각한 나머지 그가 평소 존경하는 사회주의 계열의 독립 운동가인 최익환(崔益煥)[27]을 찾아가 민간 차원에서의 종전 운동을 의논하던 중 1951년 1월 5일 북한 노동당 비서 김철의 요원인 조남진(趙南鎭 : 전시 중 노동당 서울시당 수습책)을 서울에서 만났다. 박진목은 그에게 종전(終戰)의 필요성을 강조했고 조남진은 박진목을 서울시인민위원회 부위원장이며 현역 장성인 한지성(韓志成)[28]과 만나도록 기회를 마련해 주었다. 박진목과 한지성은 지

---

[26] "Pak Chin Mok (박진목)," Agent Report by 801st CIC Det.(7 December 1951), RG 333, Box 171 (Washington, D.C.: NA), p. 2 (hereafter Agent Report by 801st CIC Det.); 신복룡(편), 『한국분단사 자료집(V)』(서울: 원주문화사, 1971, 255~256쪽.

[27] 그의 일제 시대의 행적에 관해서는 申福龍, 『大同團實記』(서울: 선인, 2003) 및 최기창·신복룡(편), 『애국지사 최익환』(서울: 도서출판 선인, 2003) *passim* 참조.

[28] 한지성(韓志成)은 해방 직전까지 임정의 좌파에서 활약했으며, 신탁 통치 소식이 전해지자 이에 반대하는 재(在)중국자유한인대회의 주석단 6인 중의 한 명으로 활약했고, 김원봉(金元鳳)이 이끄는 조선혁명당의 조직부장으로 활약했다. 《독립신문》(臨政) 창간호, 1943년(대한민국 25년) 6월 1일자; 『독립운동사자료집(8)』(서울: 독립운동사편찬위원회, 1974), 35, 43~44쪽; 民主主義民族戰線(편), 《朝鮮解放年報》(서울: 文友印刷館, 1946), 157쪽.

난날 공산주의 운동 당시의 지면이 있는 터여서 서로가 종전에 관한 솔직한 대화를 나누었다.

그 후 2월 중순경 박진목은 서울시 인민위원회 위원장이자 사법상인 이승엽(李承燁)의 요청으로 인민위원회 사무실을 방문하였고, 이 자리에서 이승엽은 종전 의사를 김일성에게 보고한 결과 김일성은 이 문제를 자신에게 일임했다는 사실을 밝히고 종전 협상의 공식적 책임과 확인을 위해 최익환과 박진목에게 이승만이나 미군 측의 신임장을 받아 올 것을 요구했다.29

1951년 4월 25일에 이들은 서울시인민위원회[중동중학교]에서 이승엽을 다시 만났다.30 이 자리에는 최익환·박진목·이승엽·한지성이 참석했다. 최익환과 박진목은 동족상잔의 종식을 호소했고 이승엽은 '북침'을 내세워 남한 정부를 비난하면서도 최익환과 박진목의 제안을 긍정적으로 고려하겠다고 답변했다. 전 남로당 경기도당위원장이며 현재는 조선노동당 정치위원, 당 중앙위원회 비서, 인민검열위원회 위원장, 사법상(司法相), 서울시인민위원회 위원장 등의 요직을 겸직하고 있는 이승엽의 정치적 지위31로 볼 때 그가 결심하기에 따라서는 종전

---

29 박진목, 『내 祖國 내 山下』(서울 : 昌雲社, 1976), 214~225쪽; 박진목, 『民草』(서울 : 원음출판사, 1983), 109~113쪽.
30 최익환, 「이중간첩 赤都 주유기」, 『反共』, 1958년 1월호, 23~24쪽; 박진목, 『내 祖國 내 山下』, 206~210쪽; 박진목, 『民草』, 99~106쪽.
31 조선민주주의 인민공화국 최고재판소, 『미 제국주의 고용 간첩 박헌영·이승엽 도당의 조선민주주의인민공화국 정권 전복 음모와 간첩 사건 공판 문헌』(평양: 국립출판사, 1956), passim(이하 『박헌영·이승엽

이 가능할 수도 있다고 최익환과 박진목은 생각했다.

　최익환과 박진목이 이승만을 만나기 위하여 남하하던 중 두 번째로 서울이 수복되고, 퇴각하던 조남진은 '남쪽에서 의견이 통일되면' 개성으로 월북하여 이승엽을 찾으라는 말을 남기고 떠났다. 두 사람은 이승만을 만나기 위해 남하하던 중 당시 철저한 반공주의자요 북진통일논자인 이승만을 만나는 것이 불가능할 뿐만 아니라 신변에 위협을 느끼는 것이므로, 차라리 미군사령부를 통해서 종전을 호소해 보는 것이 더 효과적이라는 데에 합의했다.

　그리하여 최익환이 미군과의 접촉 방법을 모색하던 중 전(前) 수도의전(首都醫專) 영어 교수로서 군정 시절에는 하지(John R. Hodge)의 부관감실(副官監室)에서 통역관을 지낸 이용겸(李容謙)을 만났다. 이용겸은 함남 신흥(新興) 출신으로 일본 주오대학(中央大學)을 졸업하고 일제하에서는 일본 헌병대를 습격하기 위해 폭약을 제조하던 중 적발되어 복역한 바 있으며, 최익환이 민주의원으로 있을 당시 군정청을 출입하면서 알게 된 사이였다.32

　이용겸의 소개로 미국대사관을 방문한 최익환과 박진목은 한 요원을 만난다.33 이들은 북한치하에서 이승엽과 종전에 관한

---

公判記錄(平壤版)』으로 표기함);『被告 李承燁(外 11人)らによる朝鮮民主主義人民共和國顚覆の陰謀と反國家的スパイ行爲に關する事件』(東京, n.p. , n.d.), passim(이하『李承燁公判記錄(日語版)』으로 표기함).

32 장두표(서울시 강남구 신반포동 한신 Apt. 214-711, 李容謙의 妻)의 증언.
33 박진목은 그가 미국의 대리 대사라고 말하고, 북한 측 기록에는 당시

대담을 가졌었다는 사실과 신임장을 요구한다는 사실을 말했고, 그 요원은 이들을 미육군성연락장교단(Department of Army Liaison Detachment: DALD)으로 이첩했다. 그런데 이 문제가 한국군 506th CIC에게 누설되어 김창룡(金昌龍)이 '미군 첩보 기관 안에 공산 첩자가 있다'고 공격하게 되자 DALD는 이 문제를 미8군 705th CIC에 다시 이첩했다. 이 문제를 매우 관심 깊게 생각한 705th CIC의 작전장교 존스 대위(Capt. Jones)는 1951년 5월 장충동 1가 50번지 16호에 있는 이용겸의 집을 방문하여 그간의 경위를 청문했다.34

며칠이 지난 후 미군 측은 박진목이 월북하여 종전에 관한 미국 측 입장을 북한에 전달해줄 것을 요청했고 박진목은 이를 수락했다. 박진목은 '10일 안에 돌아온다'는 약속을 남기고 1951년 7월 28일에 미군 측이 마련해 준 전선(戰線) 통과증을 가지고 임진강을 건너 입북하여 개성에서 휴전 회담의 북한 측 부대표인 이상조(李相朝)를 만났고, 다시 평양으로 갔으나 오랜 시간이 흐른 연후에야 이승엽은 박진목이 미군의 신임장이 없음을 이유로 구체적인 토의를 거절했다. 그러는 동안 약속된 10일이 지나도록 박진목이 돌아오지 않게 되자 미군 측에서는

---

미 대사관에서 정치 공작을 담당했던 노블(Harold J. Noble)이라고 말하고 있다. 박진목, 『내 祖國 내 山下』, 245쪽; 박진목, 『民草』, 122쪽; 『朴憲永・李承燁公判記錄(平壤版)』, 24, 131쪽; 『李承燁公判記錄(日語版)』, 15~17쪽.

34 金尙根(1926年生, 서울시 서대문구 남가좌동 175-38, 당시 705th CIC 특수 수사관 겸 통역관)의 證言.

전 남로당 서울시인민위원회 부녀부장이며 이승엽과 내연(內緣)의 관계에 있던 김혜숙(金惠淑)을 8월중에 북으로 파견하여 박진목의 생사 여부와 북한의 의중을 타진하도록 했다.35

박진목은 북행 40일 만인 1951년 9월 8일에 남하했다. 그는 705th CIC로 연행되어 간첩 혐의로 심문을 받았다. 그가 밀명을 받고 북행했음에도 불구하고 간첩으로 취급받은 것은 그가 귀경했을 무렵에는 그를 북파한 실무자가 아무런 기록도 남기지 않은 채 전보되었기 때문이었다. 당시 705th CIC에서는 2만 달러의 공작금을 마련했고,36 박진목·최익환에게는 1천만 원의 사례금을 주기로 내정되어 있었는데37 705th CIC에서 이를 유용한 혐의로 실무자들이 문책 전보되어 있었다.38 이 무렵 김혜숙이 귀경함으로써 진실이 밝혀져 박진목은 방면되었다. 박진목은 신문 과정에서,

---

35 최익환, 「空爆下 평양 주유기」, 『反共』, 1958년 2월호, 14쪽; 박진목, 『내 祖國 내 山下』, 247~274, 292쪽; 박진목, 『民草』, 128~149, 152쪽. 金惠淑과 이승엽의 관계에 관한 부분은 金尙根의 증언임.

36 박진목의 증언. 이 당시의 환율은 1달러에 6천 원이므로 공작금은 한화(韓貨)로 1억 2천만 원이다. 당시 금 1돈(3.75g)의 싯가는 6만 2천 원이고 현재가 6만 1천 원임을 감안할 때 물가지수·환율 변동·화폐 개혁을 고려해보면 그 당시의 공작금의 액수는 현재의 액수(1억 2천만 원, 10만 달러)와 비슷하다.

37 Agent Report by 801st CIC Det.(7 December 1951), p. 4; 신복룡(편), 『한국분단사자료집(V)』, 258쪽.

38 박진목의 증언.

(1) 북한 측은 자신들의 조기 승리를 예상했으나,
(2) UN군이 개입하리라고는 예상하지 못했고,
(3) 중공군의 개입에도 불구하고 북한은 더 이상 전쟁을 지속할 수 없으며,
(4) 중공군 개입의 원인은 국제공산주의의 역량을 보여주기 위한 것이었으며,
(5) 북한의 요구가 있으면 중공은 철군한다.39

는 내용을 705th CIC에 보고했다.

### 4) 밀사들의 최후

박진목의 진술과 '최익환을 공식 대표로 북파해 달라'는 김혜숙의 전갈을 토대로 하여 회담 가능성을 검토한 705th CIC에서는 1951년 11월 7일에 최익환을 평양에 파견했다. 이때 705th CIC의 특수수사관이며 통역관이었던 김상근(金尙根)은 한국군 HID의 임[성명 미상] 대령의 협조를 얻어 최익환을 강화도 철산리까지 인도하여 공산 측에 인도하였다. 최익환은 북한에 도착한 후 북한의 지도자들을 만나지 못한 채 평양 근교에 유폐된 채 소임을 다하지 못했다.40

---

39 Agent Report by 801st CIC Det.(7 December 1951), p. 3; 신복룡(편), 『한국분단사자료집(V)』, 257쪽.

미군 측 기록으로는 '그가 현재 평양에서 업무를 수행중'이라는 801st CIC 문서[41]와 706th CIC 문서[42]로 끝난다. 최익환은 작고하기 직전에 친지·자손들에게 '김일성이나 이승엽을 만나지도 못한 채 평양 교외 어느 농사시험장에 억류되어 다수확 벼농사 재배를 연구했다'고 술회했다.[43] 최익환이 귀환한 것은 1953년 1월이었다.

이승엽이 최익환의 월북 회담을 제의했음에도 불구하고 이를 이행하지 않은 것은 북한 내부의 권력 투쟁과 밀접한 관계가 있다. 미군정청의 체포 위협을 피하여 1946년 10월에 월북한 박헌영은 해주에 머물면서 남로당을 지휘하고 있었으나 당세는 날로 기울어져갔다. 한국전쟁이 비극적으로 끝나는 1952~1953년의 무렵이 되면 김일성으로서는 희생양(犧牲羊)이 필요했고 그 대상으로 박헌영을 지목하고 있는 상황에서 그와 같은 남로당 계열에 속해 있던 이승엽이 자신의 소신껏 최익환과 종전 협상을 진행시킬 수가 없었다.

박진목·최익환의 월북 사건이 북한에서 남로당 숙청의 빌미가 되고 있을 무렵, 이 사실을 확인한 남한의 김창룡은 이를

---

40 최익환, 「空爆下 평양 주유기」, 13~17쪽; 金尚根의 증언.
41 Agent Report by 801st CIC Det.(7 December 1951), p. 4; 신복룡(편), 『한국분단사자료집(V)』, 257쪽.
42 "Pak Chin Mok(박진목)", Agent Report by 706th CIC Det.(26 July 1952), RG 319, Box 171, Case #XA516674, Washington, D.C.: NA, p. 1.
43 崔基彰(서울시 은평구 녹번동 31-11: 최익환의 아들) 및 金尚根의 증언.

조봉암(曺奉岩) 숙청의 빌미로 삼고자 용의주도하게 유도했다.44 최익환은 그의 독립 투쟁 경력이 고려되어 큰 피해를 입지는 않았지만 이승만의 적의(敵意) 속에 불우한 일생을 마쳤으며, 박진목은 1952년 5월, 체포되어 간첩죄로 대구고등법원에 회부되었다가 국가보안법 위반으로 1년 징역형을 받고 복역했다.45

  이 남북 종전 운동의 주역들은 모두가 비극적인 결말을 보았다는 점에서 공통점을 보여주고 있다. 이들이 이룬 결실도 없이 고통만 당했다는 점에서 본다면 그들은 어쩌면 역사의 제물이었을지 모른다. 그러나 역사란 존재했던 사실의 기록도 중요하지만 그 시대를 살다간 사람들의 의지 또한 그에 못지않게 중요하다는 점을 생각할 때 이들의 행적도 역사의 어느 장(章)에인가 기록되어야 할 것이다.

---

44 박진목의 증언.

45 Agent Report by 706th CIC Det.(7 December 1951), p. 2; 신복룡(편), 『한국분단사자료집(V)』, 256쪽; 박진목, 『내 祖國 내 山下』, 371쪽 이하; 박진목, 『民草』, 194쪽 이하.

# 참고문헌

Acheson, Dean, *Present at the Creation* (New York: W. W. Norton & Co., 1969)

Acheson, Dean, *The Korean War* (New Youk : W. W. Norton Co., 1971)

Bacchus, Wilfred, "The Relationship between Combat and Peace Negotiations," *ORBIS*, Vol. XVII, No.2 (Summer/ 1973)

Collins, J. L., *War in Peace Time* (Boston : Hougthton Mifflin Co., 1969)

*CWIHP Bulletin*, Issue 6-7 (Winter/1995~1996)

*FRUS : 1951*, Vol. VII, Part 1 & 2 (Washington, D.C. : USGPO, 1983-84)

Hermes, W. G., *U.S. Army in the Korean War: Truce Tent and Fighing Front* (Washington, D.C.: OCMH, U.S. Army, 1996)

*History of the Korean War : Korean Armistice Negotiation* (July 1951~ May 1952), (OCMH at Department of the

Army, Historical Manuscript File, RG407, Washington, D.C.: NA.)

Joy, C. Turner, *How Communists Negotiate* (New York: The Macmillan Co., 1995)

MacArthur, Douglas, *Reminiscences* (New York: McGraw-Hill, 1964)

Malik, Yacob, "The Price of Peace," *Vital Speech*, Vol. 17, No. 18 (July 1, 1951)

*Military Situation in the Far East: Hearings before the Committee on Armed Services and the Committee on Foreign Relations, United States Senate* (Washington, D.C.: USGPO, 1951)

Mosely, Philip E., "Soviet Policy and the War," *Journal of International Affairs*, Vol. VI No. 2(Spring/1952)

Poats, Rutherford M., *Decision in Korea* (New York: The McBride Co., 1954)

Ridgway, Mattew B., *The Korean War* (Garden City: Doubleday & Co., 1967)

Schnabel, J. F., *U.S. Army in the korean War : Policy and Direction: The First Year*(Washington, D.C. : USGPO, 1972)

Smith, Robert, *MacArthur in Korea: The Naked Emperor* (New York: Simon and Schuster, 1982)

U.S. Congress, Senate, *The United States and the Korean Porblem: Documents, 1943~1953* (Washington, D.C. : USGPO., 1953)

Vatcher, Jr. W. H., "Inside Story of Our Mistakes in Korea,"

*US News and World Report* (January 23, 1953)

강만길·성대경, 『한국사회주의운동인명사전』(서울: 창작과 비평사, 1996)

김일성저작집』(7)(평양: 노동당출판사, 1979)

『대한민국독립유공자인물록: 1949-1997』(서울: 국가보훈처, 1997)

『독립신문』(臨政) 창간호, 1943년(대한민국 25년) 6월 1일자;

『독립운동사자료집(8)』(서울: 독립운동사편찬위원회, 1947)

民主主義民族戰線(편), 《朝鮮解放年報》(서울: 文友印刷館, 1946)

박진목, 『내 祖國 내 山下』(서울: 昌雲社, 1976)

박진목, 『民草』(서울: 원음출판사, 1983), 109-113쪽.

신복룡(편), 『한국분단사자료집(V)』(서울 :원주문화사, 1971), 255~256쪽.

신복룡, 『대동단실기』(서울: 선인, 2003)

신복룡, 『애국지사 최익환』(서울: 선인, 2003)

신복룡, 『한국분단사연구: 1943-1953』(서울: 한울, 2001)

조선민주주의 인민공화국 최고재판소, 『미 제국주의 고용 간첩 박헌영·이승엽 도당의 조선민주주의인민공화국 정권 전복 음모와 간첩 사건 공판 문헌』(평양: 국립출판사, 1956)

차상철, 「존 하지(John Reed Hodge)와 미군정 3년」, 《東力學志》 89-90 합병호(서울: 연세대학교 국학연구원, 1995)

『한국전쟁 관련 러시아 문서』(러시아의 옐친 대통령이 한국의 김영삼 대통령에게 기증한 문서)

한국정신문화연구원(편), 『한국인물대사전』(서울: 중앙M&B, 1999)

松本淸張, 『北の詩人』(東京 : 中央公論社, 1984)

『被告 李承燁(外11人)らによる朝鮮民主主義人民共和國顚覆の陰

謀と反國家的スパイ行爲に關する事件』(東京, n.p., n.d.)
洪學智, 『抗美援朝戰爭回憶』(北京: 解放軍文藝出版社, 1990)

# 찾아보기

【ㄱ】

거제도(巨濟島) 폭동··137
건국준비위원회··57
곽동영(郭東英)··114
구술사(口述史)··6
국가보안법··48
국립연방문서보관소
   (National Archives)··17
그린(Francis J. Green)·· 28,
   34, 44, 49
김구(金九)··59
김규식(金奎植)··97
김상근(金尙根)··117, 147
김시현(金始顯)··55

김원봉(金元鳳)··60, 142
김인수··100
김일성(金日成)··62, 125,
   148
김종원(金宗元)··122
김차순(金車淳)··32, 47
김창룡(金昌龍)··113, 122,
   145
김철(Kim Chol)··37, 142
김태주(金兌柱)··22, 26,
   40~42, 47
김현학(金顯鶴)··73
김혜숙(金惠淑)··92, 114,
   119, 146~147
김홍서(金弘叙)··87

【ㄴ】
나창헌(羅昌憲)‥124
남로당(南勞黨)‥21~22, 33, 39, 48, 53, 57~59, 68, 111, 120, 141
남일(南日)‥133
노블(Harold J. Noble)‥110, 144

【ㄷ】
대구 폭동‥57
대동단(大同團)‥13, 124
『대동신문』‥80
독립동맹‥67

【ㄹ】
릿지웨이(Matthew B. Ridgway)‥132

【ㅁ】
마셜(Charles B. Marshall)‥131

말리크(Jacob Malik)‥64, 88, 132
맥아더(Douglas MacArthur)‥130, 137
머레이(J. C. Murray)‥133
명제세(明濟世)‥97
모택동(毛澤東)‥133, 139
문일민(文一民)‥73
미국연방문서보관소‥7, 35
미육군성연락장교단(DALD)‥109, 119~120, 145
미국전사편찬위원회(Office of the Chief of Military History)‥35
미소공위‥57
민주주의민족전선(民主主義民族戰線)‥56
민주의원(民主議院)‥13, 43, 108

【ㅂ】
박노수(朴魯洙)‥25, 42, 73
박시목(朴時穆)‥57, 82

박영덕(朴永德)‥32, 48, 64, 86, 110
박진목(朴進穆)‥15, 17, 30, 35, 45~46, 51~ 53, 82, 91, 141~ 146
박진훈(朴鎭熏)‥32, 48
박태호‥62
박헌영(朴憲永)‥7, 55
박호인(朴浩仁)‥20, 22, 38~40, 42~43, 109, 114
반공 포로‥137
배철(裵哲)‥55~56
백관수(白寬洙)‥97
버제트(Major Budget)‥121
보도연맹(保導聯盟)‥21, 39~40, 109

【ㅅ】
308 CIC‥103
상무상(尙戊祥)‥62
서상일(徐相日)‥19, 37, 39
서세충(徐世忠)‥73, 87
설정식(薛貞植)‥55

스탈린(Joseph Stalin)‥132
신광범‥62
신우동맹(新友同盟)‥63
신탁 통치‥57
신한민족당‥13

【ㅇ】
약산파(若山派)‥114
506 CIC‥120, 145
5·10선거‥58
와고(Charles T. Wago) ‥120
유틀란디아호(Jutlandia)‥132
을유회(乙酉會)‥87
의친왕(義親王)‥59
이강국(李康國)‥55
이명룡(李命龍)‥62
이묘묵(李卯黙)‥87
이상운‥62
이상조(李相朝)‥67~68, 113, 145
이수영(李壽榮)‥133
이순희(李淳熙)‥73
이승만(李承晩)‥ 19, 24, 41,

37, 63, 118, 124, 140, 143
이승엽(李承燁)‥7, 24, 41, 54~55, 61~62, 67~ 72, 81~83, 86, 89~ 93, 110~111, 118, 120~122, 124, 143~ 145, 148
이영숙(李英淑)‥31, 47
이용겸‥54, 65~66, 72~ 73, 87, 108~109, 112, 117~118, 123~ 125, 144
이용실(李用實)‥32, 48
이원홍‥115
이종형(李鍾榮)‥32, 48, 80
이중선(李中仙)‥28, 44
인민위원회(人民委員會)‥57
일본공청
 (日本共産靑年同盟)‥56
1·4후퇴‥54, 59, 61, 70, 124
임문석(林文碩)‥31, 47, 49
임화(林和)‥55

【ㅈ】

장경근(張暻根)‥20, 38, 114
장낙철(張樂喆)‥31, 47
장덕근(張德根)‥26, 43, 113, 119~121
장성수‥62
전기정치학(傳記政治學)‥6
전농(全國農民組合總聯盟)‥63
정광호(鄭光浩)‥29, 46
정보국(HID)‥121
정인보(鄭寅普)‥97
정종식(鄭鍾植)‥78
조규하(曹圭河)‥8, 53
조남진(趙南鎭)‥60, 111, 142, 144
조만식(曹晩植)‥98
조병옥(趙炳玉)‥80, 115
조봉암(曺奉岩)‥19, 21, 37, 39, 149
조선혁명당‥60
조소앙(趙素昂)‥103
조이(C. T. Joy)‥133
존스(Capt. Jones)‥119, 121, 145

좌우 합작··57
주병환(朱秉煥)··31, 47

【ㅊ】
처치(John Church)··131
최기창(崔基彰)··123
춘계 공세(May Assault)
    ··131
705 CIC··72, 92, 113, 117,
    119, 121, 145~147

【ㅋ】
케난(G. F. Kennan)··132
크릭(C. E. Creek)··17, 35
킨니(A. J. Kinney)··133
트루먼(Harry S. Truman)
    ··132
801 CIC··109

【ㅌ】
팽덕회(彭德懷)··139
포로 교환··137

【ㅎ】
하지(John R. Hodge)··54,
    65, 87, 108, 118, 144
한국노병회··87
한독당(韓獨黨)··13
한석동(韓錫東)··31, 47
한지성(韓志成)··60, 110,
    111, 142
핫지스(John B. Hodges)
    ··28, 44
허미스(Walter G.
    Hermes)··141
홍석률(洪錫律)··5
홍준(洪駿)··32, 47, 49
황봉이(黃奉伊)··20, 38
휜치(Charles P. Finch)··36

■ 편자들의 약력

· 최기창(崔基彰)
　보성(普成)고등학교 졸업
　서울대학교 사범대학 교육학과 졸업
　건국대학교 교육대학원 졸업
　35년간 중·고등학교 교편 생활을 마치고 퇴직함

· 신복룡(申福龍)
　건국대학교 정치외교학과·동대학원 수료(정치학 박사)/
　건국대학교 교수(현재)/ 한국정치외교사학회 회장(1999~2000)/
　건국대학교 중앙도서관장·대학원장 역임/
　독립운동사전편찬위원회 편찬위원/ 2001년도 한국정치학회 학술상 수상

　저서 : 『한국정치사』(박영사, 1978)/『전봉준평전』(지식산업사, 1996)/
　　　　『한국정치사상사』(나남, 1997)/『한국의 정치사상가』(집문당, 1999)/
　　　　『한국분단사연구 : 1943~1953』(한울, 2001)/
　　　　『한국사 새로 보기』(풀빛, 2001)/
　　　　『이방인이 본 조선 다시 읽기』(풀빛, 2001)/
　　　　『大同團實記』(선인, 2003)/『애국지사 최익환』(선인, 2003, 공동)/
　　　　『동학사상과 갑오농민혁명』(선인, 2006)